창업부터
운영까지
아무도
알려주지 않은

카페 실무
매 뉴 얼

창업부터
운영까지
아 무 도
알려주지 않은

카페 실무
매 뉴 얼

신기욱 지음

준비되었다면 성공합니다

2014년에 처음 출간된《카페 실무 매뉴얼》이 현장에서 많은 사랑을 받은 덕에 감사하게도 여러 번의 재쇄를 찍게 되었고, 6년이 지난 지금, 달라진 카페 환경과 메뉴 등을 중심으로 책의 내용을 일부 개정하였습니다.

　주로 에스프레소의 추출 방식의 변화와 메뉴의 변화에 중점을 두었습니다. 메뉴의 경우, 카페가 대중화되면서 메뉴도 다양해졌기 때문에 완성된 메뉴 자체를 세세하게 다루기보다는 기본 얼개를 제시하고, 카페의 상황에 따라 변형시킬 수 있는 실마리를 제공하려 하였습니다. 또한 재료 자체를 다루거나 메뉴 원리에 대한 부분에 더욱 집중했습니다. 모쪼록 이러한 노력이 창업자분들께 닿아서 큰 도움이 되길 기대합니다.

　최근 몇 년간 카페와 커피 문화는 좀 더 넓고 깊게 우리의 삶에 파고들었고, 커피를 빼놓고 이야기하기 힘들 정도로 카페 창업 환경이 좋아지고 있습니다. 하지만 카페 수익성 분석과 창업을 컨설팅하는 입장에서 가장 많이 들리는 이야기는 '카페 창업이 경쟁이 너무 치열하고, 그래서 성공하기 매우 어렵다'는 것입니다. 운영도 쉬워 보이고 노동 강도도 약해 보여서 초보 창업자들의 '묻지마 창업'이나 '도피성 창업'이 많다보니 준비가 안 된 카페 창업자가 많고, 실패를 하는 경우가 매우 많은 것도 사실입니다.

　하지만 카페를 운영하는 일은 생각만큼 낭만적이지도, 우아하지도 않습니다. 이 책에 쓰여 있는 것은 카페 운영의 기본 중 기본에 지나지 않지만, 그 기본이란 정말 피나는 노력을 하고 매일매일 쉴 틈 없이 움직여야 하는 힘든 일입니다. 그래도 일단 그 기본이 지켜진다면, 당신의 카페는 더욱 탄탄한 경쟁력을 갖추게 될 것입니다.

경쟁이 점점 치열해지고 있긴 하지만, 현장에서 일하는 제게 보이는 것은 여전히 카페는 창업하기 좋은 아이템이고 성공 확률이 높다는 점입니다. 창업 전부터 철저하게 준비하고 기본기를 탄탄하게 갖춘 준비된 창업자라면 예외 없이 성공하는 것을 저는 확인하고 있습니다. 그리고 성공의 규모도 이전에 비해서 크고 안정적입니다. 이 책이 준비된 창업자의 길로 가는 데 조그마한 디딤돌이 되어서 오래가는 카페와 카페 창업자가 되기를 바랍니다.

서울 로스팅마스터즈에서 신기욱

차례

개정판 머리말 · 4

I 준 비

1. 창업에 관한 몇 가지 원칙들 · 13

2. 입지와 콘셉트 · 20
1) 대형 (30평 이상)
2) 중형 (20~30평)
3) 소형 (20평 이하)

3. 예산과 구입 · 25
1) 예산 계획
2) 예산 집행

FAQ · 33
| 카페 영업신고하기 |

II 메 뉴 관 리

1. 메뉴에 관한 몇 가지 원칙들 · 45

2. 에스프레소 커피 · 55
1) 에스프레소란?
2) 특징
3) 추출의 기준
4) 에스프레소 상식

3. 에스프레소 추출 · 60
1-테이블 준비 · 63
2-추출 준비 · 64
3-그라인딩 · 65
4-도징 & 디스트리뷰팅 · 67
| 바스켓 |
5-그루밍(서피싱) · 69
6-탬핑 · 75
| 탬퍼 종류 |
7-포터필터 결합 후 추출 · 79
8-추출 후 포터필터 분리 · 80

4. 에스프레소 평가 · 82
1) 평가 방법
2) 맛을 조정하는 방법
3) 아메리카노 실험
| 중량 비율 측정 방식 |

5. 커피 메뉴 · 97
1-에스프레소 · 99
2-아메리카노 · 100
3-아이스 아메리카노 · 101
4-카푸치노 · 102

5-아이스 카푸치노 · 103
6-카페라테 · 104
7-아이스 카페라테 · 105
8-캐러멜라테 · 106
9-아이스 캐러멜라테 · 107
10-카페모카 · 108
11-아이스 카페모카 · 109
| 스팀 내기 |

6. 핸드드립 · 112
1) 커피
2) 도구
3) 드립 방법
1-일반적인 드립 방식 · 116
2-빠르게 붓기 · 118
3-추출해서 희석하기 1 · 120
4-추출해서 희석하기 2 · 122
5-진하게 추출하기 · 123
4) 도구로 추출하기
1-에어로프레스 · 125
2-프렌치 프레스 · 127
3-클레버 드리퍼 · 128

7. 크림 메뉴 · 129
1) 생크림과 휘핑크림의 특성
2) 음료에 사용하는 생크림
3) 거품 내기
4) 크림에 다른 맛을 첨가하는 경우
| 거품 내기 |
1-아인슈페너 · 133
2-더블 크림라테 · 134

8. 파우더 음료 메뉴 · 135
1-뜨거운 음료의 파우더 녹이기 · 136
2-차가운 음료의 파우더 녹이기 · 137

9. 베이스 · 139
1) 베이스 종류
1-초콜릿 베이스 · 141
2-밀크티 베이스 · 143
3-비가열 과일 베이스 · 145
| 용기 소독법 |

10. 베이스 응용 메뉴 · 155
1) 초콜릿 베이스 기본 메뉴
1-아이스초코 · 156
2-멜팅초코 · 157
3-카페모카 · 158
4-아이스 카페모카 · 159
2) 프라페
1-모카프라페 · 161
2-민트프라페 · 162
3-블루베리요거트 프라페 · 163
3) 에이드
1-레모네이드 · 165
2-자몽에이드 · 165
3-진저에일 · 166
4) 차
1-자몽차 · 168
2-레몬차 · 168
3-고구마라테 · 169
4-로열밀크티 · 169
5) 버블티
1-버블밀크티 · 170
| 타피오카 펄 만들기 |

11. 차 메뉴 · 172
1) 홍차
2) 녹차
3) 허브티

12. 사이드메뉴 · 174
1) 원칙
2) 종류

FAQ · 176

Ⅲ 바 관 리

1. 바 관리에 관한 몇 가지 원칙들 · 181

2. 식자재 · 184
1-우유 · 185
2-시럽 · 186
3-소스 · 187
4-파우더 · 189
5-매장 내 식수 · 189

3. 개점 준비 · 190
1-스위치 켜기 · 191
2-포스 실행 및 개점 등록하기 · 191
3-냉난방기 켜기 · 192
4-실내등 켜기 · 192
5-행주 빨래 · 193
6-에스프레소머신 워밍업 · 194
7-그라인더 확인 · 195
8-부재료 확인 · 196
9-테이블과 의자 정리 · 196
10-DP선반 청소 · 197
11-일회용품 확인 · 197

4. 청소와 마감 · 198
1-설거지 · 199
2-매시간 정리 · 200
3-매일 마감 청소 · 201
4-매주 마감 청소 · 220
5-기타 청소 · 221
| 트레이 드는 법 |
| 행주 짜는 법 |
6-기타 마감 · 232

5. 에스프레소머신 고장과 대처법 · 233

| 소모품 교환주기 |

FAQ · 236

IV 기 타 관 리

1. 청소 관리 · 239

1) 청소에 관한 몇 가지 원칙들

2) 세제

3) 청소 방법

1-개점 전 · 242

2-마감 후 · 244

3-매주 청소 · 246

2. 장부 관리 · 247

1) 장부에 관한 몇 가지 원칙들

2) 해야 할 일

1-매일 해야 하는 것들 · 248

2-매달 해야 하는 것들 · 248

3-매년 해야 하는 것들 · 249

3) 바람직한 지출 구성

3. 직원 관리 · 254

1) 직원 관리에 관한 몇 가지 원칙

2) 구체적인 관리

3) 직원 교육

| 아르바이트직원 채용 시 알아두어야 할 사항 |

4. 고객 관리 · 261

1) 서비스란?

2) 고객 관리에 관한 몇 가지 원칙

3) 인사 예절

4) 주문과 제공

5) 전화 응대

6) 컴플레인 해결

부록 체크리스트 · 272

각종 기구 체크리스트 (격주 1회)

매장 체크리스트 (정기)

매장 체크리스트 (개점)

매장 체크리스트 (영업 중)

매장 체크리스트 (마감)

I

준비

1.

창업에 관한 몇 가지 원칙들

손님을
돈으로 생각하지 말라

빠듯한 예산으로 시작하는 창업자가 흔히 저지르는 실수는 손님을 돈으로만 계산하려고 한다는 점이다. 좌석 수와 객단가에 대한 고민이 바로 그것이다. 창업하려는 카페의 좌석 수가 적다면, 창업자들은 손님의 회전율을 먼저 따져보게 된다. 심지어 회전율을 높이기 위한 방편으로 불편한 의자와 좁은 자리를 고려하기도 한다. 그런데 실제로 손님의 입장에서 이런 가게의 문을 열어본다고 생각해보자. 불편한 의자와 좁은 자리, 빤히 들여다보이는 회전율 계산속. 아마 대부분 가게 안으로 발을 딛기도 전에 질려버릴 것이다. 카페 인테리어의 기본은 손님이 들어와서 앉고 싶게 만드는 데 있음은 뒤늦게 깨달을수록 손해다.

　창업의 과정에서 객단가를 모든 판단의 기준으로 삼는다면, 한마디로 들어오지도 않는 손님을 내쫓을 궁리부터 하고 있는 격이다. 객단가를 높이는 방법은 카페 사장으로서 당연히 고민해야 하는 것이지만, 문제는 그 기준이다. 가게의 주고객층과 지역의 분위기를 고려해서 적절한 객단가를 설정해야 한다. 시끌벅적한 대학가의 카페에서 객단가를 높이려고 메뉴를 고급화한다면 어떻게 될까. 아무리 맛이 좋고 품질이 좋아도 부담스러운 가격에 자주 올 수 없는 곳이 되어 단골은 점점 더 떨어져나갈 것이다.

커피를
왜 마시는지를 고민하라

커피는 주식이 아니다. 안 마셔도 되는 기호품이다. 그렇다면 손님이 커피를 선택하는 이유를 생각할 필요가 있다. 여기서 중요한 키워드는 '선물'이다. 그것은 자신에게 주는 선물일 수도 있고, 친한 사람에게 주는 선물일 수도 있다.

첫번째 선물은 여유, 흔히 말하는 '커피 한 잔의 여유'다. 그렇다면 그 여유는 단지 한 잔에서 끝나지 않는다. 카페라는 공간 자체가 그런 선물일 수도 있기 때문이다. 좀더 편하고 아늑한 분위기에서 마시는 커피 한 잔의 여유. 카페는 그것들을 선물세트로 안겨줘야 한다. 혼자서 숨어 있을 자리가 필요할 수도 있고, 일을 하기 위해 찾을 수도 있다. 나의 카페에 앉아 있을 손님의 기분을 생각하라. 5천 원이라는 돈을 내고 불편하거나 옹색해 보인다면 가기 싫을 것이다.

두번째 선물은 맛이다. 평소에 먹던 것과 다른, 좀더 맛있는 것을 먹을 수 있는 기회를 주는 것이다. 세계 제1의 업체라는 스타벅스가 집중한 전략이 바로 이것이었다. 잠시 미국의 예를 들어보자. 미국은 동부 일부만 연수 지역이고 나머지는 경수 지역이라 물이 식수로 마땅치 않다. 그래서 우리의 보리차처럼 커피를 마시는 문화가 있었다. 그렇게 나온 것이 그로서리 마켓에서 파는, 물보다 싼 '브루드 커피brewed coffee'다. '끓인 물'이기만 하면 되기 때문에 커피의 품질이 뛰어나지 않아도 그 역할을 충분히 할 수 있었다. 그런데 스타벅스는 식수를 대신하는 이 1달러짜리 값싼 커피가 아닌 4~5달러짜리 선물 같은 커피를 만들어 팔 생각을 했다. 좀더 다양한 재료를 넣고 맛있게 만들어서 어디서도 맛볼 수 없는 즐거운 메뉴를 만들고자 한 것이다. 그래서 나온 것이 캐러멜 마키아토와 프라푸치노 같은 스타벅스만의 메뉴다.

세번째 선물은 편안함이다. 출근길이나 점심식사 후 습관처럼 카페를 찾아오는 직장인들에게 커피란 일상을 유지할 수 있게 하는 윤활유 같은 것이다. 이런 손님들은 개성이 강한 음료보다 아메리카노처럼 기본적이고 질리지 않는 '이지 드링킹easy drinking' 음료를 선호한다. 우리 카페의 음료는 손님들의 일상을 부드럽게 이어주는 역할을 하고 있을까? 맛없는 음료 때문에 인상이 찡그려지는 순간이 있는 건 아닐까? 그런 고민이 된다면, 손님들이 음료를 받자마자 마실 때뿐만 아니라 책상에 두고 한 모금씩 마실 때도 상상해봐야 한다. 서서히 식어가는 뜨거운 음료, 얼음이 녹아가는 찬 음료의 맛도 점검해야 하는 이유다.

손님이 카페를 선택하는 기준은
입지와 인테리어다

손님이 카페를 선택할 때 가장 중요하게 생각하는 기준은 입지조건이다. 그다음 기준을 꼽자면 인테리어 정도이고, 예상과 달리 커피의 맛과 가격은 그다지 고려하지 않는다. 다시 말하면 아무리 맛있는 커피를 판다 해도 찾아가기 어려우면 절대 찾지 않고, 들어갈 마음이 생기지 않으면 절대 들어가지 않는다는 뜻이다. 카페는 일상의 영역이다. 우리가 손님일 때를 돌이켜보자. 우리는 자기가 원하는 맛의 커피를 적절한 가격에 구입하러 카페에 가는 게 아니다. 지나가다가 '여기 분위기 좋네' 하는 곳에 들어온 다음, 그 카페에서 맛있어 보이는 메뉴를 고르는 것이다.

인스타그램 같은 SNS에 올려져 있는 사진들을 보고 멀리서 찾아오는 손님들로 북적이는 카페도 분명히 있다. 주로 기발한 콘셉트를 자랑하는 곳들인데, '핫 플레이스'라는 약발이 떨어지면 금세 발길이 끊어지기 마련이다. 카페 점주는 의도치 않았으나 운 좋게 입소문이 나는 경우도 있지만, 그로부터 발생되는 매출은 깜짝 선물일 뿐 일상적이고 안정적인 수익원이라고 보기 어렵다.

임대료가 비싼 1급지와 비교적 싼 2급지의 카페 두 곳이 있다고 가정해보자. 주변 가게보다 임대료가 싼 곳은 그만한 이유가 있다. 아래의 표(3배의 임대료를 내는 매장이 3배의 매출을 올린다는 가정)를 보면 임대료 싼 데서 장사 안 되는 것보다 임대료 비싼 곳에서 장사 잘되는 게 훨씬 낫다는 것을 알 수 있다.

(단위: 만 원)	1급지	2급지
매출	3,000	1,000
임대료	600	200
인건비	400	200
운영비	100	100
재료비(매출의 30%)	900	300
비용 합	2,000	800
매출 – 비용	1,000	200

인테리어도 내 예산에 맞추고 내 취향에 따라 하는 게 아니다. 내가 타깃으로 잡은 손님들에게 어떤 분위기를 제공할 것인가의 고민이 우선되어야 한다. 손님이 내 카페에 앉아 있는 모습이 남들에게 괜찮아 보일 것, 숨어서 쉴 수 있도록 밖에서 잘 드러나지 않을 것, 게을러지고 싶다는 생각이 들게 할 것, 환대를 받는 듯한 편안함이 느껴질 것 등 손님의 입장에서 고려해보면 답이 나온다.

지역을 공부하라

물론 유동인구가 많은 곳이 장사가 잘될 가능성이 높다는 건 만고불변의 진리다. 하지만 유동인구가 많은 곳은 알다시피 임대료가 만만치 않고 경쟁도 심하다. 그래서 입지를 선정할 때는 명당자리를 구하지 못했더라도 어느 지역이든 자신이 선택한 지역에 대한 공부를 많이 하는 게 필요하다. 다시 말하자면, 위치도 중요하지만 위치에 맞는 상품을 연구하는 것이 더 중요할 수 있다는 것이다. 젊은이들이 모이는 서울 홍대 앞에서 최고급 캐비아를 판다고 잘 팔릴까? 그 지역 사람들이 사먹을 생각도 없는 것은 팔 이유가 없다.

창업을 염두에 두는 사람들이 대체로 먼저 하는 일이 유명 맛집을 순례하고 그것을 벤치마킹하려는 것이다. 하지만 그렇게 전국적으로 유명한 카페에 가본다고 그들처럼 될 수 있는 게 아니다. 그들은 이미 20~30년 경력을 쌓은 전국구이자 실력자다. 이들의 실력과 노하우를 초보창업자로서는 흉내 내기도 어렵다. 이들은 대부분 독특하고 다른 이들이 따라 할 수 없는 개성으로 유명한 경우가 많다. 즉 , 내가 따라한다고 해서 따라할 수 없는 그들만의 독특함이 있다. 또한 어차피 다른 지역이라 창업자의 연고지에서 이들의 장점이 적용 가능한지도 의문이다.

차라리 자기가 좋아하는 커피 체인점을 선택해 지점 30개를 돌아보라. 본인이 소비자로서 즐기고 오는 것이다. 그러면서 그곳 손님들이 어떤 것을 즐기는지도 살펴보라. 몇 군데만 가도 보이기 시작하는 게 있다. 우선 지역에 따라 선호하는 메뉴 구성이 살짝 다르다. 지역마다 맛에 따라, 가격에 따라 잘 팔리는 메뉴가 다르기 때문이다.

지역의 차이를 알았으면 내가 창업할 지역을 살펴보자. 그 동네에서 장사가 잘되는 가게에 가서 보라. 같은 업종이면 더욱 좋지만 아니어도 상관없다. 손님들의 반응을 살피고 어떤 메뉴가 많이 팔리는지를 살펴보자. 그곳을 방문한 손님에게서 배우는 일을 먼저 해야 한다. 내가 맛이 없다고 생각해도 손님들이 찾으면 그게 그 동네에서 원하는 맛이다.

주변 카페는
경쟁자가 아니다

창업자와 상담하다보면 주변에 카페가 너무 많아 창업하기 두렵다는 이야기를 하는 경우가 있다. 그렇다면 주변 카페들은 모두 나의 적일까? 나는 카페가 전혀 없는 지역을 찾아야 할까? 지금 한국에서 그런 곳이 있기는 할까? 카페가 많지 않다는 건 그럴 만한 이유도 있다는 생각을 가져야 한다. 그 동네엔 카페가 없어도 아무런 불편이 없다는 뜻일 테니 더 부담스러울 수밖에 없다. 이런 지역은 카페의 수요를 나 혼자 직접 만들어내야 하므로 실패 가능성도 높다.

달리 생각해보자. 우리 카페에서 먹고 마시다 질린 고객이 다른 카페에 갈 수 있는 만큼 그 반대의 상황도 가능하다. 다른 카페에 질리면 우리 카페로 올 수도 있는 것이다. 그러니 카페가 오히려 많이 모여 있을수록 좋다. 포화상태가 아닐까 하는 곳이 오히려 성업을 하기도 한다. 그곳에 가면 커피를 마실 수 있다고 사람들이 인지하고 있기 때문이다. 이게 바로 시장효과다. 고객은 대안이 있어야 부담 없이 찾아온다. 식당이 달랑 한 군데 있는 골목을 생각해보자. 몇 번 가다 싫증이 나면 아예 그 골목은 당분간 걸음도 하지 않게 되기 마련이다. 식당이 여러 군데면 월화수목금 돌아가면서 먹을 수도 있다.

흔하게 저지르는 실수 중 하나가 지역의 고객 수를 계산하고 그것을 그 지역의 카페 수로 나누는 것이다. 이것은 모든 곳이 같은 맛, 같은 품질, 같은 가격을 가지고 있을 때의 경우일 뿐이다. 전체 손님의 수를 카페마다 나누어 갖는 것이 아니라, 나를, 내 공간을, 내 제품을 좋아하는 손님을 내 카페로 데려오는 것이다.

그러니 주변 카페는 경쟁의 대상이 아니라 상생의 존재라고 생각하자. 다만 내가 생각한 콘셉트와 같은 카페가 많으면 힘들겠지만, 나만의 개성이 있다면, 기존의 카페보다 좀 더 좋게 만들어낼 자신이 있다면 기회는 나에게 오게 돼 있다.

서둘러
계약하지 말라

창업에도 준비기간이 필요하다. 하지만 당장 수입이 끊긴 상태에서 기술을 배우고 자리를 알아보는 데 투자를 하다보면 슬슬 조급해지기 마련이다. 그러다 얼토당토않은 가게를 섣불리 계약해버리고 나중에서야 후회하는 창업자가 많다.

입지를 선정하기 위해 지역을 공부하려면 최소한 6개월은 감수해야 한다고 생각하자. 벌이 없이 생활비로 한 달에 200만 원씩, 1200만 원을 쓰더라도 서둘러 개업하고 망해서 창업비 1억 원을 날리는 것보다 낫기 때문이다.

그러면 구체적인 방법을 알아보자. 마음에 드는 자리가 생겼으면 덜컥 계약하지 말고, 그 주변지역을 꼼꼼히 살핀다. 우선 주변에 카페가 있는지 둘러보라. 카페가 많다면 커피 수요가 많다는 뜻이다. 내가 생각해둔 자리에서 현재 카페가 영업 중이라면 직접 가서 사 먹어본다. 계산서(빌지)에 찍힌 숫자를 보면 대략 손님 수를 예측할 수 있다. 밤에 쓰레기가 나오는 양을 가늠해보는 것도 방법이다.

주변 카페의 경쟁자는 편의점이라는 것을 알아두면 도움이 된다. 원래 편의점 손님의 다수가 음료수를 사 마시는 데다 주변 카페가 경쟁력이 없으면 편의점에 더 많은 손님이 몰리게 된다. 편의점에서 팔리는 음료의 구성을 꼼꼼하게 살피고 편의점 앞에서 전체 손님 수를 확인하거나 편의점에서 물건을 사서 계산서를 보자.

또한 원하는 자리의 가게 앞에서 일주일 정도 유동인구를 확인해야 한다. 유동인구를 알아야 수익성을 분석할 수 있다. 할 수 있는 한 오랜 시간, 많은 사람들의 통계를 내보고 판매량을 추정한다. 전체 유동인구의 카페 유입률은 1% 이하로 낮게 잡는데, 경쟁자가 워낙 많고 커피는 생필품이 아니기 때문이다. 좀더 전문적인 통계를 원한다면, 소상공인시장진흥공단의 상권정보 시스템을 확인하고, 필요에 따라 카드사의 해당 지역 결제내역을 바탕으로 제작한 상권분석자료를 구매할 수 있다.

마음에 드는 자리가 났다면 바로 계약하지 말고, 무조건 나가서 직접 두 눈으로 봐야 한다. 아침부터 저녁까지 주위를 지키면서 얼마나 많은 사람들이 지나다니며 어떤 소비를 하는지 반드시 확인해야 한다. 물론 힘든 일이라 계속하다보면 지쳐 포기를 하게 된다. 그러나 포기하는 순간 적어도 몇천만 원에서 많게는 몇억 원을 하늘에 날릴지도 모른다. 악착같이 참아내고 끝까지 지켜보자.

창업자는 초보,
소비자는 프로페셔널이다

마지막으로, 창업 과정에서 절대 잊지 말아야 할 단 하나의 명제가 있다. 창업자는 초보이지만 소비자는 프로페셔널이라는 점이다. 대부분의 창업자들에게 창업 기간이란 준비 기간을 합쳐 짧으면 3개월, 길면 1년 정도인 데 비해서, 소비자들은 화폐라는 것을 가지고 물건과 교환하는 훈련을 수십 년 해온 프로페셔널이다. 따라서 창업자들보다 제공되는 제품에 대한 판단이 더 정확하고 냉철할 수 있음을 인정해야 한다.

이제 갓 창업한 사람들은 이전 직업경험이 있든 없든 간에 프로인 소비자의 입장에서 보면 아마추어이기 때문에 창업자가 잠시 상황을 모면하기 위해 눈속임은 할 수 있을지 몰라도 계속 소비자를 속이기란 불가능하다.

그렇다면 아마추어로서 어떻게 프로를 대해야 할까? 좋은 재료로 위생적인 환경에서 정성들여 만든 제품을 성의 있게 제공한다면 프로는 그 가치를 알아봐준다. 앞서 말했듯이 소비자는 맛으로 선택하는 것이 아니다. 밖에서 보아서 나를 반겨주고 내가 편히 쉴 수 있는 곳이어야 문을 열고 들어올 수 있으며, 돈을 낼 만큼의 가치(신선한 재료, 위생적인 환경, 친절한 서비스)가 담긴 제품이 제공되면 충분히 즐길 준비가 되어 있다. 그게 '고객 감동'이다. 손님은 그 감동을 다시 느끼기 위해서 재방문을 하는 것이다.

2.

입지와 콘셉트

카페를 어디에 열 것인가와 어떤 콘셉트로 열 것인가는 다른 질문이 아니다. 입지조건에 맞게 콘셉트를 잡거나, 콘셉트에 맞게 입지를 고르는 게 정답이다. 여기서는 카페의 위치와 성격을 동시에 알아본다.

1) 대형 (30평 이상)

요즘은 규모가 큰 곳일수록 장사가 잘된다. 40평대까지는 월매출 2500만 원을 넘기기 힘들다. 그런데 50평대가 넘어가면 어떻게든 앉을 자리가 나기 때문에 자리가 없어서 왔다가 돌아가는 손님은 거의 없다. 그러므로 매장이 클수록 수익의 기울기가 높아져서, 10평 넓어질수록 매출은 1.5배씩 늘어난다고 보면 된다. 60평대 이상은 월매출 7~9천만 원을 목표로 해도 좋다. 그러면 월세가 2천만 원이라도 투자비 대비 연 20% 수익까지 바라볼 수 있다.

대형 카페의 가장 큰 특징은 공간이 필요해서 오는 손님이 대부분이라는 점이다. 오래 앉아 있어도 눈치 보이지 않는 곳이고, 카페 직원의 시야에서 벗어나 숨어 있을 수 있는 곳이다. 이런 카페는 손님들이 이용하는 목적이 확실하기 때문에, 커피의 맛에도 메뉴의 가격에도 매출이 큰 영향을 받지 않는다. 다만 넓은 공간에서 눈에 띄지 않고 편하게 오랜 시간 이용하려는 손님들을 위해 사이드메뉴를 준비해서 추가구매를 할 수 있게 해야 한다.

랜드마크형 (지역 역세권 중심)

부도심이나 지역상권에 위치한 대형 카페가 여기에 해당한다. 대형 카페 중에서도 랜드마크형은 가장 매출이 좋고 투자대비 수익률도 높아서 일단 문을 열면 성공률은 아주 높은 편이지만, 그만큼 예산이 많이 든다. 좋은 상권에 유동인구도 많은 거리의 가게는 임대료도 비싸기 마련이고, 주변 가게들에 묻히지 않고 눈에 띄려면 인테리어에도 특히 신경을 써야 한다. 그러니 대형 프랜차이즈 위주일 수밖에 없다. 일반 자영업자들에게는 구하기 힘든 자본이 필요한 게 사실이지만, 뜻이 맞는 사람들과 주식회사를 만들어 펀딩을 통해 자본을 모으고 수익을 배분하는 방법을 고려해볼 수 있다.

또한 라이프스타일의 변화로 인해 차량을 통한 이동이 늘어나게 되면서, 시 외곽에 주차장을 크게 마련한 대형 카페가 각광받는 추세다. 이런 카페의 특징은 대부분 자본집중형으로 충분한 공간, 부족하지 않은 주차 공간, 훌륭한 인테리어를 기본으로 하고 있다. 운영에 있어서도 커피뿐만 아니라 전문적인 베이커리 팀을 보유해 일정 수준 이상의 베이커리 제품을 제공함으로써 추가 매출로 수익성을 확보하고 있다. 다만 투자금의 크기와 운영의 부담 때문에 개인이 쉽게 창업하기는 어렵다.

스터디카페형 (B급 상권 및 대학가)

그 지역의 랜드마크가 될 자리가 아니라면 아예 스터디카페형이 좋다. 대학가를 끼고 있다면 더욱 적절한 선택이 될 수 있다. 스터디카페를 콘셉트로 한 공간인 이상 손님의 회전율이 낮지만, 50평이 넘어가면 세 시간 넘게 앉아 있는 사람이 있어도 자리는 늘 나기 마련이다. 메뉴의 가격을 조금 높게 책정해 낮은 회전율을 상쇄하는 방법도 있고 메뉴 가격을 낮추고 이용 시간에 대한 비용을 부과하는 방법도 있다. 요즘에는 아예 '독서실형'을 표방한 스터디카페도 있지만, 그보다 안락한 느낌의 인테리어가 제대로 이루어진다면, 좀 더 편안한 분위기를 선호하는 사람들도 많다. 스터디카페는 목 좋은 곳이 아니거나 2층에 위치해도 큰 문제가 되지 않는다.

2) 중형 (20~30평)

전문형 (로스터리, 브런치, 고급커피 등)

20~30평대라면 바를 제외한 공간에 놓일 수 있는 테이블이 최대 15개밖에 안 된다. 솔직히 말하면, 아무리 테이블이 회전해도 돈이 남을 수 없는 구조다. 1만5천 원 매출을 올리는 손님이 테이블마다 세 시간에 한 번씩 바뀐다고 했을 때, 10개 테이블로 열두 시간 영업하면 대략 하루 60만 원의 매출이 된다. 한 달 계산을 하면 1500만 원 정도라고 봐야 한다. 그러면 임대료 400만 원, 재료원가 500만 원, 2명 이상의 인건비, 이렇게만 해도 남는 돈은 200만 원 남짓이다.

　이런 곳은 수용인원이 적고 회전율이 높지 않기 때문에 전문성을 통해서 객단가를 높이는 전략으로 가야 한다. 아파트 단지 내에서 젊은 주부들을 상대로 한 브런치라든가, 젊은 여성들이 좋아하는 케이크를 팔 수 있다. 직접 로스팅한 원두를 판매해도 좋다. 단순한 아이템으로 잘하는 것 두세 가지만 구성하면 된다. 종류가 많아지면 카페의 성격도 모호해지기 십상이다. 물론 인테리어도 전문성이 돋보이도록 해주어야 한다. 이런 카페에 찾아오는 손님은 주로 카페의 개성과 가치를 알아주는, 해당지역에 거점을 둔 단골일 수밖에 없다. 창업자의 전문성이 더욱 필요한 이유다.

3) 소형 (20평 이하)

작은 카페들의 운영은 점점 더 어려워지고 있다. 몇 년 전만 해도 개성있는 동네 카페들이 주목받았지만, 너무 많이 늘어나 비슷비슷해졌다. 또한 대부분의 생계형 카페들은 $6 \times$ 8m 직사각형으로 수도가 뒷벽에 나 있는 전형적인 동네 가게 구조라서, 창업자는 공사비를 줄이려고 수도가 있는 뒤편에 바를 만들고 앞에 테이블을 배치한다. 손님의 입장에서는 어딜 앉아도 카페 점주의 감시가 느껴져 불편하고, 테이크아웃을 하려 해도 저 깊은 곳까지 들어가야 해서 부담스럽다. 적은 예산으로 시작하는 창업자는 인테리어도 스스로 하고 운영도 혼자 하게 된다. 그러니 고된 노동에 지쳐서 그만두는 경우가 많다.

　상황이 만만치 않을수록 생계형으로 접근하지 말고, 어떻게든 전문성을 갖추도록 노력해야 한다. 수용인원이 절대적으로 적기 때문에 매장 내 커피 판매만으로는 수익을 창출하기 어렵다. 테이블 배치의 묘를 발휘하든가 동네 커뮤니티와 함께하는 전략을 세워야 한다. 바를 문 가까이에 배치하고, 문을 열어놓는 것도 한 방법이다. 안쪽에 테이블을 배치하면 자연스럽게 숨어 있을 곳이 생긴다. 또한 동네의 크고 작은 모임들의 아지트로 자리매김하는 것도 생각해볼 수 있다. 앞에서 입지 선정 시에는 싼 2급지보다 비싼 1급지가 낫다고 했지만, 같은 값이라면 그리고 테이크아웃을 전문으로 할 생각이 아니라면 좁은 1급지보다 차라리 2급지에서 크게 내는 게 낫다. 워낙 작은 카페에 신규고객이 유입되는 비율이 낮기 때문이다.

단골형

예전엔 지역 밀착형 카페를 말리는 분위기였다. 특히 아파트 상가 안쪽에 유동인구가 없는 일명 '항아리 상권'은 백전백패한다는 입지였다. 하지만 몇 년 전부터 분위기가 달라졌다. 라이프스타일이 변해서 이제 아무리 친한 사람들도 좀처럼 집으로 초대하지 않는다. 특히 주부들은 아이들을 유치원이나 학원에 보내고 밖에서 만난다. 이들을 대상으로 하면 어느 정도 성공률이 높아진다. 물론 지역주민에 대한 분석이 없으면 불가능하다.

커피뿐만 아니라 집에서 손님용으로 내올 만한 간단한 간식 등을 제공하면 좋다. 인테리어와 집기에 대한 투자를 최대한 줄이고, 점주가 전일 근무로 노무비를 줄여가며 운영해야 한다. 손님과의 적극적인 커뮤니케이션을 통해 단골을 모으는 것이 목표다.

전문형 1

앞서 말한 중형 카페의 전문형과 비슷하다. 브런치, 베이커리 등을 중심으로 커피와 음료를 같이 판매해서 수익을 올리는 형태다. 그렇기에 운영자의 전문성이 확보되어야 한다. 지역에 밀착해서 운영해야 하므로 2, 3급지에서도 가능하다.

전문형 2

서울 홍대앞이나 대학로처럼 문화적 중심지에 자리를 구했다면, 음악, 미술 등 문화 콘셉트를 잡아보는 것도 좋다. 아이돌 팬클럽 등을 대상으로 공연, 전시, 대관 등으로 수익을 창출하거나 관련 동호회, 커뮤니티의 모임을 유치할 수 있다. 취미 관련 재료나 도구를 판매해볼 수도 있다. 이 경우 카페 점주가 해당 콘셉트에 관해 초보자에게 조언해줄 만큼 전문적인 지식과 취향이 있으면 도움이 된다.

테이크아웃형

아예 10평 정도의 작은 가게면, 공간을 포기하고 물건만 팔 수도 있다. 인테리어에 들 돈으로 유동인구가 많은 입지에 투자를 하는 것이다. 장사가 잘되는 카페의 경우 유동인구의 2~3%가 유입고객으로 본다면, 한 시간에 1천 명이 지나가면 30명의 손님이 생긴다는 계산이다. 커피 한 잔을 2천 원에 팔아도 상관 없다. 500원만 남아도 하루에 400잔을 팔면, 20만 원, 25일 일하면 500만 원이 된다. 그러나 손님 수가 적으면 남는 게 없다. 그래서 장사가 될 자리라면 권리금 있는 가게를 선택하는 게 낫다. 권리금이 없다는 건 장사가 안 된다는 것이다. 따라서 실제 운영할 때 운영비와 인건비를 충분히 고려해야 한다.

규모	종류	특징
대형	랜드마크형	• 투자 대비 성공률이 가장 높은 형태. • 노출도와 인테리어에 예산을 많이 배정해야 함. • 주요 손님: 모임, 약속장소로 찾는 유동인구.
	스터디카페형	• 조금 더 비싼 것은 개의치 않으나 남의 방해를 받지 않고 있을 수 있는 곳. • 인테리어에 대한 부담이 적음. • 유지비용이 들어감. (장서 업데이트 필요) • 주요 손님: 프리랜서 작업자, 학생 등.
중형	전문형	• 브런치, 로스터리, 커피 등에 대한 점주의 전문성 필요. • 인테리어에 대한 투자 필요. • 주요 손님: 거주자 및 고정근무자를 중심으로 한 단골.
소형	단골형	• 커피와 음료, 간단한 음식 등을 제공. • 인테리어와 집기에 대한 투자를 최대한 줄임. • 점주가 전일 근무로 노무비를 줄이는 형태로 운영. • 주요 손님: 점주의 적극적인 커뮤니케이션에 기반한 단골.
	전문형 1	• 브런치, 베이커리 등을 중심으로 커피와 음료를 같이 판매해서 수익을 올리는 형태. • 점주의 전문성이 확보되어야 함. • 지역 밀착형으로 지역 2, 3급지에서도 가능.
	전문형 2	• 음악, 미술, 문화 등을 중심으로 커피 및 음료 판매와 함께 공연, 전시, 대관 등으로 수익 창출, 취미 재료 판매. • 점주의 전문성이 확보되면 도움이 됨. • 문화적 중심지에 입지 선정 필요. (서울 홍대 앞, 대학로 등)
	테이크아웃형	• 인테리어 비용이 거의 안 듦. • 유동이 많은 1급지 입지. • 노동력의 안정적인 공급과 재료의 안정적인 공급선 확보 필요.

3.
예산과 구입

1) 예산 계획

예산의 구성은 지역과 형태에 따르기 때문에 대단히 유동적이긴 하지만 대체로 1년 예상 수익액의 150~200%로 잡아야 한다. 즉 월 500만 원 수익이 예상된다면, 1년 수익은 6천만 원 × 200% = 1억2천만 원이다. 따라서 예산은 보수적으로 최대 1억 원을 넘지 않는 것이 좋다. 여기서 말하는 순익은 창업자 자신의 임금을 제하지 않은 수익이기 때문에 실제로는 500만 원 중에서 300만 원 정도만 순익이 될 수밖에 없다.

한 가지 염두에 두어야 하는 것은, 권리금은 본인이 가게를 그만둘 때 상황에 따라서 못 받는 경우도 생기므로 반드시 투자금으로 포함하여 수익률을 계산해야 한다.

또한 빌리는 돈의 비율이 40%를 넘지 않도록 한다. 대출은 2~4년 안에 갚아야 하는 상황인데, 카페는 보통 연수익이 투자대비 15~20%에 불과하다. 대출액이 과도하면 2년 동안 번 돈을 모두 빚 갚는 데 써버리게 된다. 물론 자산은 남지만 생활은 나아진 게 아무것도 없을 것이다. 전체 투자금액의 20%를 예비비로 남겨두는 것도 잊지 말아야 한다. 가게를 열면 예측하지 못한 상황이 벌어질 때가 많다. 유지 보수도 필요하다. 예비비는 자리잡는 데 걸리는 6개월 내에서 소진될 것이다.

다시 정리하면 1억 원 중에 6천만 원은 내 돈이어야 하고, 2천만 원은 예비비여야 한다.

2) 예산 집행

인테리어 비용

인테리어는 기본적으로 업체와 계약을 통해 진행하는 경우, 출입구에서부터 내부만을 다루게 된다. 간판을 포함한 외장은 따로 계산을 해야 한다. 그런데 규모가 작다고 비용이 적게 들지 않는다는 점을 유의해야 한다. 인테리어 비용은 대부분 인건비로 구성되기 때문에 10평을 하나 20평을 하나 품값은 그대로인 경우가 많다. 그러므로 인테리어 비용을 줄이고 싶으면, 사전에 조사를 철저히 해서 인테리어 업자에게 자신의 의도를 확실히 알리고, 작업이 빠르게 진행되도록 해야 한다.

좀더 자세히 알아보자. 실내 공사는 전문업자를 이용할 경우 20평을 기준으로 최소 평당 150~200만 원, 총액은 3~4천만 원이 소요된다. 창업자에게는 상당히 큰돈이기 때문에 본인이 아이디어가 있고 소질이 있다고 판단된다면 직접 도전해도 좋다. 철거, 미장, 전기, 수도, 배수는 전문업체에 따로 맡기고 칠, 간단한 목공 등은 본인이 하는 방식으로 진행하면 비용을 크게 줄일 수 있다. 순수 자재비와 외주 인건비를 포함해서 평당 80~100만 원 정도면 가능하다.

한편 테이블과 의자는 500~700만 원, 집기는 1500만 원 내외를 예상하고 준비한다.

기계 구입비용

에스프레소머신과 그라인더

창업자들이 많이 고민하는 것 중 하나가 에스프레소머신의 선택이다. 비싼 에스프레소머신이 좋은 커피 맛을 만들어낸다고 생각하지만 과학적인 관점에서 보면, 에스프레소머신은 비싼 머신이든 싼 머신이든 같은 일을 한다. 에스프레소를 뽑기 위한 기준은 이미 정해져 있고, 모든 에스프레소머신 제작자들은 그 기준을 충족시켜서 제작하기 때문에 과학적인 측면에서 커피에 작용하는 조건은 똑같을 수밖에 없다.

따라서 고객에게 제공되는 커피는 과학적인 기준에 따라 같은 상태를 유지한다. 다만 가격이 싼 머신과 비싼 머신의 차이는 에스프레소의 품질에 영향을 미치기보다는 기계의 완성도, 미세조정의 가능 여부, 대량 추출 시 안정성 여부 등이다. 이는 바리스타의 노동에서 피로도와 업무의 완성도에 영향을 미치게 된다. 좀더 좋은 머신이 있다면 많은 손님이 밀어닥쳐도 안정적으로 추출이 가능하며, 바리스타의 노동 강도가 낮아진다는 이야기

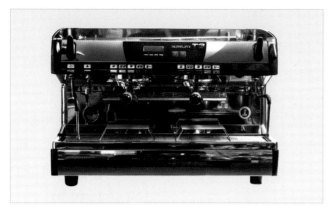

에소프레스머신

자동 그라인더

다. 반대로 많은 손님이 없는 곳이라면 특별히 비싼 머신이 아니더라도 바리스타의 섬세한 주의력에 의해 충분히 좋은 커피를 제공할 수 있는 것이다.

이처럼 에스프레소머신의 가격에 따른 에스프레소 음료의 차이는 존재하지 않는다. 다만 과학적인 측면과는 다르게 실제로 각 머신마다 설계의 차이와 작동원리가 조금씩 다르기 때문에 맛에서 미묘하게 구분할 수 있는 차이가 있다. 하지만 이것은 가격에 따라 나타나는 것이 아니라 에스프레소머신 각자의 개성과 같은 것이다. 기회가 있다면 같은 커피를 각 머신에서 추출해봄으로써 자신의 스타일에 맞는 에스프레소머신을 찾는 것을 추천한다.

에스프레소머신의 완성도와 가격을 떠나, 현실에서는 에스프레소머신 선택 시 가장 중요한 것은 판매자의 신용이다. 고장 나면 기술자가 직접 방문할 때까지 기다려야 하므로, 최저가를 좇기보다 수리를 잘해주는 곳을 찾아야 한다. 그런 점에서 수입 본사 직거래보다 신뢰할 만한 딜러를 통하는 게 더 나을 수도 있다.

에스프레소머신은 가격대와 성능이 천차만별이지만, 가게의 규모나 형태에 따라서 용량과 성능을 결정해야 한다. 일판매 200잔 이내로 하루 중 몰림 현상 없이 꾸준히 판매된다면 매장 내 판매와 테이크아웃이 적절하게 배합된 곳이라 할 수 있는데, 대부분의 제품이 이에 적합하다. 일반적으로 2그룹(추출구) 보급형 에스프레소머신 + 64mm 버 burr(칼날)를 장착한 그라인더 조합인데, 에스프레소 머신은 400~600만 원 사이를 추천한다.

다만 이 정도 급의 에스프레소머신에서 안정적이고 이상적인 추출이 계속 이루어지기는 힘들기 때문에 많은 잔을 연속 추출할 때도 있다면 조금 더 비싼 것을 선택하도록 한다. 일판매 300잔 이상에 피크타임이 있는 중규모 이상이나 테이크아웃 매장이라면 기계에 무리가 갈 만큼 많은 양을 추출해야 하므로 ① 2그룹 고급형 머신 + 83mm 버 그라인더 또는 64mm 버 그라인더 2대, ② 3그룹 보급형 머신 + 83mm 버 그라인더 또는 64mm 버 그라인더 2대를 추천한다. 가격은 1천~1500만 원이 적당하다.

제빙기

제빙기는 카페에서 얼음이 소비되는 정도를 예상하여 설치한다. 제빙기는 가격도 예상외로 비싼 데다, 일단 설치하고 나서 이후 용량을 증설해야 하는 상황이 되면 바의 인테리어 공사를 다시 해야 한다. 따라서 초기에 예측을 잘하는 수밖에 없다.

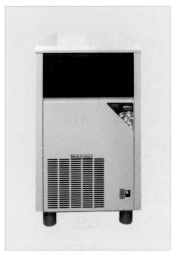

공랭식 제빙기

　제빙기에는 수랭식과 공랭식이 있는데, 작은 제빙기는 수랭식과 공랭식의 가격 차이가 없는 편이다. 수랭식은 제빙성능이 좋고 조용하며, 설치된 바 안의 온도가 올라가지 않는다. 또한 대체로 공랭식의 얼음에 비해 단단하다는 장점이 있지만, 물 소비량이 많아서 수도요금이 많이 나온다. 공랭식은 더우면 제빙성능이 떨어지고 시끄러우며, 설치된 바 안의 온도가 많이 올라가지만, 물을 계속적으로 쓰지 않기 때문에 유지비가 싸다는 장점이 있다.

　커피 판매가 1일 100잔 정도라면 50kg 내외, 여기에 빙수를 병행하면 80~100kg을 고른다. 200잔이면 100kg 내외, 300잔이면 150kg이 적당하다. 가격은 50kg 기준 150~160만 원, 80kg 기준 200~220만 원, 100kg 기준 300만 원대라고 알아두면 된다.

냉장고

냉장고에는 직랭식과 간랭식이 있는데 가격은 직랭식이 간랭식의 3/5 정도이다. 하지만 직랭식은 냉각관이 지나는 벽에 제품을 가까이 두면 차갑게 보관이 되지만 냉각관으로부터 멀어지는 가운데로 올수록 냉각이 잘 안 되는 단점이 있다. 또한 냉각관을 통해서 냉각이 되다보니 냉장고 내부에 결로가 생기고 이로 인해서 내부에 물이 생기기도 한다. 결로를 제때 제거하지 않으면 냉각성능이 떨어져 보관제품의 위치에 따라 보존성이 크게 달라지게 된다. 예산이 심각하게 부족한 경우가 아니라면 추천하지 않는다. 간랭식은 가격이 비싸지만 냉각기를 지난 냉기가 냉장고 안을 순환하면서 냉각하기 때문에 내부에 결로가 발생하지 않고 직랭식에 비해서 고른 냉각이 이루어진다.

냉장냉동 겸용 냉장고는 두 가지 용도로 사용할 수 있으니 좋다고 생각될 수 있지만, 실제로 가정용 냉장고와 다르게 공간활용을 위해서 격벽이 얇게 설계가 되어 있어서 냉장과 냉동 성능 모두 다 떨어질 수 있다. 다시 말해 냉장고의 제품은 얼고 냉동고의 제품은 제대로 안 어는 일이 생길 수도 있으니, 가능하면 냉장전용, 냉동전용을 쓰는 편이 좋다.

테이블 냉장고를 쓰는 것은 바 안의 공간이 작아 스탠드형 냉장고를 쓰기 힘들기 때문이다. 또한 에스프레소머신을 올려놓는 테이블을 따로 제작할 경우 에스프레소머신이 무거워 예상보다 제작비가 많이 들어가므로 기존의 테이블 냉장고를 쓰면 작업대와 냉장고가 한꺼번에 해결된다.

그러나 에스프레소머신 밑에 놓는 테이블 냉장고에 냉동칸이 있게 되면 동선이 꼬이는 원인이 되기도 한다. 이는 냉동으로 관리되는 것이 일반음료나 사이드 메뉴에 관련된 것이기 때문이다.

1800mm 너비의 간랭식 테이블 냉장고는 150~200만 원에 구입할 수 있다. 냉장고와 제빙기의 경우에는 가능한 중고보다 신제품을 구매할 것을 추천한다. 연식이 오래될수록 냉각기의 성능이 떨어지므로 제품의 질을 떨어뜨리는 원인이 될 수 있다.

온수기

음료의 판매량이 적다면 에스프레소머신에서 나오는 뜨거운 물을 쓰면 되지만, 100잔(하루 50잔) 이상의 음료가 판매될 때는 가능한 한 에스프레소머신에서 물을 빼서 쓰는 것을 자제하는 것이 좋다. 계속적으로 물을 빼 쓰면 히터가 계속 가열하게 되어 에스프레소머신의 내구성이 떨어지게 되며, 커피를 추출하는 물의 온도 또한 일정하게 유지하기 힘들어지기 때문이다. 온수기는 하루 100~300잔을 팔 경우 100만 원 이하 국산으로, 300잔 이상인 경우 200만 원 내외 수입산을 권한다.

블렌더

블렌더는 프라푸치노, 아이스블렌디드라는 상품명으로 불리는 스무디 계열의 음료 혹은 생과일 음료 등을 제조하기 위해서 쓴다. 빠른 공정을 위해서 힘이 좋은 블렌더를 권하며, 가격은 90~100만 원, 소음기를 장착하면 180~200만 원 정도다. 가정용 믹서기를 사용할 수 있지만, 가능하면 업소전용을 권한다. 연속사용이 월등히 많은 업소용의 경우 내구성에서 가정용과 차이를 보인다. 또한 제품 선택 시 추가 볼의 구매와 부품교체가 쉬운지 따져봐야 한다.

정수기

일반적인 렌털 정수기는 가정용으로 나온 것이기 때문에 에스프레소머신 등에 연결해서 쓸 경우 양이 부족해서 기계에 무리가 가거나 자주 필터를 교체해야 하는 번거로움이 있다. 그래서 업소용으로 나온 정수장치를 쓰는 것이 좋다. 가장 대중적인 것이 에버퓨어, 파라곤 3M, 브리타 등으로 가격대는 50만 원부터 100만 원대까지 다양하다.

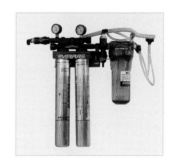

그 밖의 기구들

스팀피처를 청소하는 피처린스, 바스푼을 담가놓는 바스푼워셔(디포웰), 얼음을 갈아주는 빙삭기 등을 고려해볼 만하다. 핸드드립을 하려면 드리퍼, 서버 등의 기본적인 기구 이외에 드립 전용 그라인더, 드리퍼를 받쳐두는 드립트레이 등이 있으면 편리하다. 이외에도 필요에 따라서 냉장고, 냉동고 및 기타 장비(와플기, 파니니 그릴, 반죽기, 컨벡션 오븐 등)를 추가할 수 있다.

기물

테이크아웃 전문매장이 아니라면 내부에서 서빙할 잔과 사이드메뉴를 담아낼 그릇 등이 있어야 하는데 수요를 미리 계산하여 준비를 해야 한다. 일반적으로 잔은 뜨거운 음료용과 찬 음료용으로 나누고 카페에 수용할 수 있는 최대 고객 수의 1.5배로 어림하면 적당하다. 즉 좌석이 30개인 경우 30 × 1.5 = 약 45개이므로, 핫 45개 + 아이스 45개 = 90개 정도를 초도 물량으로 잡으면 된다. 다만 유리로 된 용기는 자연망실 주기를 약 1년 정도로 잡기 때문에 구하기 어려운 디자인으로 선택한다면 초도 물량을 많이 주문해야 한다. 사이드메뉴를 위한 접시나 서빙툴은 테이블 수만큼 준비한다.

일반적으로 20평형의 매장을 준비하는 경우, 주방기물(국자, 솥, 스팀피처, 탬퍼, 칼 등 바 안에서 사용해야 하는 도구일체)과 서빙웨어(트레이, 스푼, 포크 등)와 컵, 머그 등을 합쳐서 약 250~300만 원 정도 든다. 고급사양이라면 가격은 천차만별이다.

(단위: 만 원)	소형업장	중형업장	대형업장
에스프레소머신	600	1,000	1,000
제빙기	150	250	350
테이블 냉장고	160	160	320
블렌더	100	200	200
정수기	80	100	100
합계	1,090	1,710	1,970

운영 예산

카페 운영 초기에는 초도 물량의 순환이 끝나 재구매를 해야 하고, 인테리어 보수, 인건비 등도 발생하는데, 카페가 아직 자리를 잡지 못했을 가능성이 높으므로 매출로 이를 메우기란 매우 어렵다. 따라서 이를 대비한 예비비가 있어야 하는데 대체로 예상 월지출액의 약 절반에 해당하는 금액의 3~6개월치가 필요하다. 예를 들어, 매월 인건비와 임대료, 기타공과금, 재료비가 약 600만 원이 지출된다면 최대 1800만 원 정도 준비하는 것이 좋다.

FAQ

Q: 한 달에 얼마 정도를 벌어야 하나?

물론 많이 벌수록 좋다. 좀더 구체적으로 수치를 제시하자면, 실제로 1억 원을 투자했을 때, 최소 매월 500만 원 정도의 수익을 올려야만 한다. 그렇다면 1년에 6천만 원을 벌어야 한다는 이야기인데, 60%의 수익률이라면 어마어마한 것이다. 그래서 미리 불가능하다고 좌절하고 포기하는 경우도 많다.

그러나 거꾸로 따져보자. 생활비로만 월 200만 원 정도 든다. 그러면 실제로 저축할 수 있는 돈이 총 500만 원 중 생활비를 제외한 300만 원, 1년이면 3600만 원, 3년이 돼야 1억 원이 넘는다. 5년 장사를 한다면, 처음 3년 동안은 초기투자금액을 환수하는 데 쓰고 나머지 2년 동안 8천만 원을 모으는 셈이다. 5년 장사해서 수익이 8천만 원이라면 많은 돈일까? 최소한 이 정도도 벌지 못한다면 그만두는 게 낫다. 창업보다 취업이 유리하다는 계산이 되는 것이다.

투자금	1억 원	
월수익	500만 원	
본인 급여	200만 원	생활비
1년 수익	3600만 원	월수익 − 본인 급여 X 12
3년 수익	1억800만 원	
5년 수익	1억8천만 원	
5년 후 정산	8천만 원	5년 수익 − 투자금
1년당 수익	1600만 원	8천만 원 ÷ 5년

직장생활을 하던 창업자일수록 월급만큼만 나오면 좋겠다고 하는 경우가 많다. 하지만 이는 오늘보다 못한 내일을 기다리고 있는 것이나 다름없다. 그러면 한 달에 한 푼도 안 남을지 모른다. 게다가 5년이 지나면 기계와 인테리어는 망실이다. 중고로 팔 수도 없단 소리다. 상가임대차보호법의 보호를 받는 것도 5년이면 끝이다. 보증금 받고 나오더라도

인테리어 비용이 추가로 필요해진다. 월급만큼 나오면 5년 후엔 더 작은 가게로 옮겨가는 수밖에 없다.

Q. 카페 창업에 실패하지 않으려면 뭘 배워야 하나?

많이 배운 사람들은 배운 것을 그대로 현장에서 적용시키려고 한다. 하지만 레시피를 많이 안다고 맛있는 음식을 만들 수 있는 것은 아니다. 제과제빵을 전문적으로 배운다면 일반적으로 6번 수업에 200만 원 정도 드는데, 예를 들어 케이크 재료비 5만 원이면 10판을 만들 수 있다. 배우는 것보다 직접 만들어서 주변 사람들에게 먹여보는 게 훨씬 실용적인 방법이다. 그렇게 2주만 지나면 답이 나오게 돼 있다. 완곡히 거절하는 사람들(속마음은 '너의 케이크는 너무 맛이 없어서 더 준다고 해도 싫다')이 생길 수 있고, 이번엔 왜 안 주냐고 먼저 물어보는 사람들(속마음은 '케이크가 정말 맛있어서 기다리고 있다')이 있을 수 있다. 그들의 반응이 내 실력을 알려주는 지표가 된다.

성공한 사람들은 무조건 많이 만들어보고 많이 먹여본다. 목돈 들여 배우려고만 생각하지 말고 주변 사람들을 잘 활용할 것. 커피도 마찬가지다.

Q. 객단가는 어떻게 높여야 하나?

객단가는 그 지역의 생활수준과 내 제품의 질을 견주어 결정해야 한다. 객단가는 내가 벌고 싶은 만큼 책정해서는 안 된다. 객단가가 어느 정도 돼야 장사가 되는 건 분명히 맞는 말이다. 하지만 요즘 경기로는 1인당 5천 원 이상 쓰기도 힘든 상황이다. 20대 여성의 월급 실수령액이 200만 원 정도이니, 객단가를 높이면 매일 올 수 없고 어쩌다 한번 오는 카페가 된다.

일본은 한때 카페가 전국적으로 20만 개나 되었다. 그런데 카페가 많아지니 단가는 낮아지고 다들 벌리는 돈이 없으니 사이드메뉴를 시작했다. 나폴리탄 스파게티, 카레, 심지어 오뎅까지 팔았다. 그랬더니 객단가가 높아졌지만 높아진 객단가와 카페의 정체성 상실로 손님이 줄어드는 효과를 가져왔다. 그 많던 카페는 2000년대 초 3만 개만 남고 사라졌다.

비싼 메뉴를 늘린다고 좋은 것만은 아니다. 그렇게 되면 카페에 오는 절대수가 줄어든다. 신규 진입도 줄어든다. 객단가를 높이면 단골은 줄어든다는 사실을 명심해야 한다.

손님이 나에게 줄 수 있는 돈은 정해져 있다. 한 번에 1만 원을 다 받을 수 있지만, 2천 원씩 다섯 번에 나누어 받는다면 손님에게는 이곳에 오는 것이 습관이 된다. 습관이 단골을 만들어주는 법이다.

Q. 초기 마케팅 방식 중 피해야 하는 게 있다면?

고급장비를 두면 전문가처럼 보일 거라는 창업자들이 간혹 있다. 그래서 2천만 원이 넘는 에스프레소머신을 구비하기도 한다. 그러면 사람들이 더 잘 알아봐줄까? 솔직히 말하자면, 그 기계를 알아보는 손님이 온다는 것은 곧 망할 징조다. 그렇게 전문적인 지식들로 무장한 사람들이 카페에 오면 그 기계가 어떤가 싶어서 한번 오는 것이지, 카페 손님으로 자주 들를 사람들이 아니다. 그들은 칭찬보다 비판이 잦다는 것을 기억할 필요가 있다. 바리스타 대회에서 우승한 카페들이 그닥 장사가 되지 않는 것도 그런 이유다. 일상적으로 편하게 우리 카페를 즐기려는 사람들이 오도록 해야 한다.

'바이럴 마케팅'은 긍정적인 방식이라고 볼 수는 없다. 블로그나 인스타그램, 그 외 SNS 리뷰의 신빙성이 떨어진 지 오래다. 대부분 블로거들의 행태는 트렌드 리더→트렌드 세터→대중으로 이어진다. 리더가 소개하면 세터가 벌떼같이 달려들어 포스팅한다. 그러면 대중이 검색 후 방문하는 메커니즘이다. 초기에는 효과가 있으나 3~6개월이 지나면 어떤 리더나 세터도 다시 찾지 않는다. 유명한 집에 다시 가는 건 그들에겐 굴욕적인 일이기 때문이다. 초기에는 장사가 되는 것 같지만, 나중에는 장사가 전혀 안 된다. 본의 아니게 우리 카페가 '새것'으로 뜨게 되면 나중엔 반드시 '헌것'이 되고 만다. 그러면 카페의 인테리어나 메뉴를 전반적으로 리뉴얼을 해야 하는 악순환에 빠진다. 자발적 입소문은 좋은 것이지만, 인위적으로 만들어가면 반드시 역효과가 나게 돼 있다.

'오픈 행사'는 하루이틀을 넘기면서까지 하지는 않기를 권한다. 가격 할인은 두 번 다시 하지 않는 게 좋다. '저렇게 팔아도 남나보다' '언젠가 또 하겠지' 하는 기대는 오히려 손님의 발길을 끊게 만든다. 메뉴 가격을 적정선보다 더 내리는 건 무의미하다. 싸다고 많이 팔리는 것은 아니기 때문이다. 음식이 지나치게 싸면 싸구려 재료라는 의심만 높일 뿐이다. 지역 하한선을 지키고, 대신 메뉴의 질이나 양으로 서비스하는 편이 낫다.

Q. 인테리어 시 고려해야 할 점은?

인테리어라는 것은 말 그대로 꾸미는 문제이기 때문에 다양한 스타일과 방법이 존재한다. 다만 인테리어에서 원칙을 가지고 접근함으로써 카페의 생존 가능성을 높이는 방향으로 고려해보아야 한다.

주문 공간

카페 인테리어에서 가장 중요하게 고려해야 할 것은 고객 입장에서의 '접근성'이다. 주문을 할 때, 편리한 것인가 불편한 것인가를 먼저 고려하는 것이다. 고객 입장에서는 최대한 주 출입구에서 주문 공간이 멀지 않아야 한다. 주문자의 심리적 거리의 한계는 2.5~3m 인데, 이 거리보다 멀어지면 고객은 매장에 들어올 때 노출되는 시간이 길다고 느끼면서 출입을 망설이게 된다. 테이크아웃 매장의 경우에도 주문 공간이 멀면 불편을 느껴 유입이 줄어든다. 주문 시 메뉴판의 위치는 주문받는 사람의 시선과 비슷한 위치에 존재해야 한다. 메뉴판이 너무 위에 있으면 주문받는 사람과의 시선 교환이 없기 때문에 주문이 늦어지거나, 주문을 포기하는 경우가 생길 수 있다.

메뉴판

특별히 많이 팔고 싶은 제품이 있다면 가게의 앞이나 메뉴판 주변에 이미지로 표현한다. 제품의 홍보를 위해 메뉴판을 배너로 만들어서 밖으로 내놓는 경우가 있는데, 이런 방식은 매우 우려스럽다. 실제로 소비자에게 의미도 없을뿐더러, 전문성이 없어 보인다. 꼭 팔고 싶은 메뉴 한 가지만 이미지로 만들어 보여주는 것이 더 전문적으로 보이고, 판매에 효과적이다. 또한 매장 내에 손글씨가 없도록 해야 한다. 손글씨는 정겨워 보인다는 장점도 있지만, 소비자의 입장에서 볼 때 손글씨는 초보처럼 보이거나, 성의 없어 보이기도 한다. 매장 내의 모든 안내문은 손글씨가 아닌 출력을 통해 전문적인 인상을 심어주도록 해야 한다. 본인이 할 수 없다면, 돈이 들더라도 전문가에게 맡겨서 만들어야 한다.

또한 모든 메뉴나 프로모션의 경우에는 가능한 한글을 사용하면 좋다. 오랜 기간 컨설팅을 해본 결과, 메뉴판에 메뉴를 영어로 표기하는 경우에 디자인적으로 깔끔해 보이는 효과가 있는 것에 대해서는 동의하지만, 매출에는 도움이 안 되는 경우를 많이 보았다. 소비자들이 영어를 못 읽어서가 아니라, 읽을 때 피로감이 생기고 메시지 전달이 되지 않는 경우가 대부분이다. 가능한 메뉴와 프로모션 배너는 영어를 배제하고, 한글을 중심으로 표기해 주문자가 즉각 인지할 수 있게 하는 것이 매출에 더 효과적이다.

색의 사용

근래에 들어서 카페는 이전의 카페보다 좀더 미니멀한 디자인을 추구하고 있기 때문에, 인테리어는 깔끔하고 깨끗한 방향으로 가고 있다. 따라서 이전보다 색을 사용하는 데 있어서 깊은 고민이 필요하다. 요즘에는 흰색을 점점 더 사용하고 있는데, 테이블과 천장, 바닥이 모두 흰색이라면 당장 볼 때 깨끗해 보일 수는 있지만 중심을 잡아주는 부분이 없기 때문에 불안감을 형성할 수 있다. 따라서 무거운 톤을 가진 색을 바닥쪽에 가깝게 배치해 심리적을 안정감을 갖게 하는 것이 필요하다.

조명

가능한 교체하기 쉬운 방식으로 설치하는 것이 좋다. 실제로 가게의 채색(페인트)은 한번 칠하면 바꾸는 것이 어렵기 때문에 조명의 교체를 통한 빛 온도 조절로 어느 정도 분위기를 바꿔볼 수 있다. 예를 들면 겨울에 인테리어를 해서 포근한 느낌이 있던 카페의 경우, 여름이 되면 더워 보인다. 이런 경우 페인트를 다시 칠하는 방법도 있지만, 조명을 바꿔 색 온도를 높여주면 시원해 보일 수 있다. 조명만 교체해도 인테리어 비용을 최소한으로 들이고 전체적인 분위기를 바꿀 수 있기 때문에 가장 효과적인 방법이다.

Q. 장사가 안 되는 가게, 어떻게 살릴까?

컨설팅을 할 때 답하기가 난감한 질문 중 하나는 '카페 장사가 잘 안 되는데, 어떻게 하면 매출을 올릴 수 있을까?'라는 문의다. 사실 이런 상태를 개선하는 데는 비용이 들기 때문이다. 이미 창업에 많은 비용을 들인 분들에게 '이것도 바꾸시고, 저것도 바꾸시고'라고 말을 전하는 것 자체가 부담스러운 일이다.

실제로 창업 이후에 개선을 문의할 때 손님들의 접근성, 내부 구조 등이 잘못되어 있어서 가게 안팎을 완전히 뜯어고치지 않으면 개선이 불가능한 경우가 대부분이다. 하지만 아무것도 할 수 없는 것은 아니기 때문에, 여기서는 할 수 있을 만한 것부터 이야기해보려고 한다.

가게 밖에서 가게 안을 바라보자

많은 창업자들의 시선은 바 안쪽이나 가게 내부에 머무는 경우가 많다. 좋은 재료로 맛있는 메뉴를 만들어내겠다는 의지로 대부분의 열정을 바 안쪽이나 가게 내부에 쏟는 것이다. 이것이 잘못되었다는 것은 아니다. 다만 가게에 손님이 들어오지 않는 현실이 문제인데 메뉴를 늘리거나 가격을 조정한다고 손님이 늘어나는 것은 아니기 때문이다.

이런 경우 아침에 영업 준비를 마치고, 카페 밖으로 나갈 것을 추천한다. 카페 밖에 서서 10분이든 20분이든 가게를 지켜보는 시간을 가져야 한다. 당장 문제를 잡아낼 수는 없지만, 밖에서 가게를 바라보는 시간이 지속되면 지속될수록 왜 손님이 우리 가게에 들어오지 않는지에 대한 원인을 찾을 수 있을 것이다. 원인은 여러 가지일 수 있다. 전문적으로 보이지 않거나 지저분하거나, 안락해 보이지 않거나… 원인을 찾았다면, 이미 문제의 반 이상을 해결한 것과 마찬가지이다.

메뉴를 간결하게 하자

컨설팅을 하다보면 제일 설득하기 어려운 문제가 메뉴를 줄이는 것이다. 카페 운영자의 입장에서는 이 메뉴도 손님이 찾고, 저 메뉴도 손님이 찾기 때문에 메뉴를 줄이면 손님이 줄어든다고 생각하기 때문이다. 그렇게 40~50개의 메뉴를 만드는 것이다. 메뉴가 많으면 재료 관리가 안 되고, 시판 소스나 파우더를 쓰게 되어 메뉴의 질이 떨어지게 된다. 손님 입장에서는 어떤 메뉴가 전문인지도 모르게 되니 카페 전체의 인상이 비전문적으로 비춰지는 현상이 나타난다.

장사가 안 될수록 통계를 적극 활용해 없앨 메뉴와 살려야 할 메뉴를 구분하자. 손님이 상대적으로 찾지 않는 메뉴는 과감하게 없애고, 손님이 자주 찾고 좋아하는 메뉴의 질을 올려 그 메뉴는 여기만 한 곳이 없다고 느끼게 만들어야 한다. 메뉴를 줄이는 것은 그만큼 중요하고 줄인 만큼 남아 있는 메뉴에 쏟는 정성도 비례해서 높여야 한다.

손님이 앉는 자리에 하루에 한 번은 앉아보자

대부분의 카페 점주들은 손님이 앉는 자리에 앉아보지 않고 대부분 바 안에 앉아 있는 경우가 많다. 카페 점주에게 권하는 마지막 사항은 손님 자리에 매일 앉아보라는 것이다. 자리에 앉았을 때 안락한지, 마음은 편한지, 더러운 곳은 없는지, 카페의 조도와 음악 소리의 크기가 적당한지 꼭 직접 느껴보고 개선할 점을 체크해야 한다. 또한 손님이 유난히 앉지 않는 자리가 있다면, 손님 입장에서 무엇이 불편한지, 어떻게 배치를 바꿔서 편하게 할 것인지를 생각해야 한다. 항상 점주의 입장이 아니라 소비자의 입장에서 가게를 객관적으로 평가하는 법을 익혀야 한다.

Q. 저가 커피는 과연 남을까?

요즘 커피 창업 시장에서 큰 비중을 차지하는 것이 '저가 커피'이다. 많은 사람들이 커피는 원가 비율이 낮아 저가로 팔아도 많이 남는다고 생각하기 때문에 저가를 경쟁력으로 창업을 선택하는 경우가 많다. 저가 커피를 목표로 한 프랜차이즈도 많이 나왔고, 앞으로도 계속 나올 예정이다. '커피 한 잔에 990원'이라는 문구를 걸고 손님들을 유혹하기도 한다.

이러한 커피 프랜차이즈의 경우 약 30%의 영업 이익을 표방하면서 영업을 하고 있는

데, 실제 가능한지를 따져보자. 영업 자료에 따르면 평균적으로 약 3천만 원의 매출이 나고 실제 운영비는 2천만 원 안쪽이라고 광고한다. 실제 판매 추세를 보면 가장 싼 커피가 900~1천 원 정도이긴 하지만 작은 사이즈에 싱글샷인 경우가 많기 때문에 실제 판매되는 제품은 더 큰 사이즈에 샷 추가한 제품이 팔리게 되고, 기타 음료가 판매되는 경우도 있어 실제 객단가는 약 1500원 수준에서 정해진다. 이들의 주장에 따르면 한 달에 약 2만 잔 정도를 판매하는 것이다.

주 1회 휴무일 경우, 한 달 26일 동안 하루에 770잔 정도를 판매해야 하는데 하루 12시간 근무라고 하면 시간당 64잔 이상을 팔아야 한다. 물리적으로 1명이 2분당 1잔 정도를 만들 수 있기 때문에 실질적으로 항상 약 3명의 인력이 쉬지 않고 일해야 한다는 결론이 나온다.

이렇게 되면 3명의 인력 × 약 250만 원(4대보험 및 퇴직금 포함) = 월 750만 원 정도의 임금이 발생하고, 하루 800여 잔의 커피가 팔리는 매우 특수한 상권으로 볼 수 있기 때문에 부동산에서도 A+급지로 분류된다. 이러한 자리는 대체로 임대료가 10평 이내에 400~500만 원을 호가하고, 권리금 또한 상당한 수준에 이른다. 도표상 계산으로는 충분히 남는다는 계산이 나온다. 그렇지만 이러한 영업 이익과는 별개로 실제 운영에 있어서는 몇 가지 문제가 나타난다.

첫째, 실제 한 달에 2만 잔 이상을 판매할 수 있는 자리는 매우 드물고 차지하기도 힘들다. 따라서 부동산에 대한 전문적인 식견 없이는 찾아내기 힘들다. 실제 2만 잔 이상 판매하는 자리가 전국에 얼마나 될까?

둘째, 그러한 자리를 찾는다 하더라도 창업 비용이 매우 많이 든다. 권리금 등 자리를 확보하기 위한 채권이 많이 발생하기 때문에 사업적인 모험이 될 가능성이 매우 높아진다. 또한 판매량이 많다보니, 그에 맞는 장비를 갖출 때도 비용이 많이 들어가게 된다.

셋째, 영업 시 노동 강도가 다른 업장에 비해 매우 높기 때문에 직원(정직원 혹은 단기계약직) 근속기간이 짧고 구하기도 어렵다. 따라서 점주의 노동이 상대적으로 많이 투여되어야 하며, 체력적으로도 견디기 힘들다.

넷째, 이 이유가 가장 결정적인데, 이렇게 장사가 잘되는 위치에서는 굳이 음료의 질과 가격을 낮춰 저마진 마케팅을 하는 것보다 중가의 고퀄리티로 운영했을 때 안정적인 고객 유지와 노동 강도의 완화로 운영이 훨씬 쉬워지므로 저가를 고집할 이유가 없다.

저가 커피의 경우 계산상으로 충분히 수익성이 있지만, 이러한 이유로 실제 운영하는 것은 매우 어렵다. 특히 커피 및 식음료 산업에 뛰어든 지 얼마 되지 않은 초보 창업자들

평균월매출		3000만 원
평균월지출		2250만 원
세부내역	임대	400만 원
	재료비(30%)	1000만 원
	인건비	750만 원
	관리비	100만 원
수익		750만 원

에게는 권하지 않는 유형의 사업이다. 그리고 창업 단계에서 유심히 보아야 하는 것은 실제 이러한 주장을 하는 프랜차이즈들의 실적이다. 공정거래위원회에서 운영하는 가맹사업거래 페이지를 보면 정보공개서가 등록이 되어 있고 비교 정보도 나와 있다. 여기서 각 프랜차이즈들의 정보를 찾아보는 것을 권한다. (위 도표는 해당 프랜차이즈의 주장에 따른 도표이고, 실제 정보가 공개된 해당 프랜차이즈의 매출은 월 평균 1700만 원 선이다.)

위의 자료가 보기 힘들다면 마이프차https://myfranchise.kr/를 방문해보자. 프랜차이즈 정보를 정리해놓았기 때문에 보기에 좀더 수월하다. 실제 프랜차이즈 가맹을 하지 않더라도 프랜차이즈 매장 유형에 따른 매출 추이와 유행도 알아낼 수 있으므로 본인이 생각하고 있는 매장의 형태와 비슷한 프랜차이즈를 대입시켜 대략의 매출 가능성을 예측해볼 수 있다.

휴게음식점과 일반음식점

카페는 식품위생법상 휴게음식점 또는 일반음식점으로 분류할 수 있다.

휴게음식점이란 "음식류를 조리 판매하는 영업으로서 음주행위가 허용되지 아니하는 영업(주로 다류를 조리 판매하는 다방 및 빵, 떡, 과자, 아이스크림을 제조 판매하는 과자점 형태의 영업을 포함한다)"이며, 일반음식점은 "음식류를 조리 판매하는 영업으로서 식사와 함께 부수적으로 음주행위가 허용되는 영업"이라고 정의되어 있다. 즉 주류를 판매할 수 있으면 일반음식점, 할 수 없으면 휴게음식점이다.

영업신고

1. 위생교육

영업신고를 하기 위해 가장 먼저 해두어야 할 일은 위생교육 수료이다. 일반음식점은 한국외식업중앙회www.foodservice.or.kr(온라인 식품위생교육www.ifoodedu.or.kr), 휴게음식점은 한국휴게음식업중앙회www.efaedu.or.kr에서 위탁교육을 실시하는데, 온라인교육도 가능하다. 영업자는 해마다 교육을 받아야 한다.

2. 신고방법

임대계약 시 음식점 영업이 가능한지(건물용도, 지역구분, 정화조 등) 구청/시의 위생과에 확인한다. 신고 시 구비서류는 다음과 같다.

• 영업신고신청서

• 위생교육필증

• 액화석유가스사용시설완성 검사필증(액화석유가스LPG를 사용하는 업소 중 지하층에 위치하거나, 지상 100제곱미터 이상인 일반음식점 및 휴게음식점에 한함)

• 소방방화시설완비증명서(지하층에 위치한 영업장 면적 66제곱미터 이상인 경우와 1층을 제외한 영업장 면적 100제곱미터 이상인 일반음식점 및 휴게음식점에 한함)

영업신고를 마쳤다면 영업신고서를 들고 세무서에 가서 사업자등록증을 발급받는다.

3. 그 후 해야 할 일

• 사업자등록증으로 포스(POS) 회사에 등록해서 포스 시스템을 설치한다. 카드사 승인이 최소 일주일이 걸리니 개업 전에 마쳐야 한다.

• 건강진단서(보건증)는 영업자는 물론 카페에서 일하는 전 직원(아르바이트직원 포함)이 받아야 한다. 보건소와 지정 병원에서 간단한 검사로 발급받을 수 있다.

II
메뉴 관리

1.

메뉴에 관한 몇 가지 원칙들

메뉴의 3대요소:

가치, 품질, 재현성

카페에서 메뉴를 만든다는 것은 음료나 음식을 만든다는 것 이상으로 큰 의미를 가지고 있다. 단순히 정해진 메뉴를 정해진 레시피에 따라서 조립하는 것만으로는 부족할 수 있다. 카페에서 메뉴란 카페가 손님에게 제공할 수 있는 것 중 가장 핵심적인 부분이라는 것을 명심해야 한다. 즉 손님에게 제공할 제품은 다음의 세 가지 중대한 요소를 갖추고 있어야 한다.

가치

우리가 만드는 제품은 기본적으로 손님이 내는 돈에 합당한 가치를 돌려주는 것이어야 한다. 손님의 입장에서 제품을 산다는 것은 욕망하는 것을 소유한다는 행위이다. 그렇기 때문에 제품은 손님의 입장에서는 욕망을 풀어줄 대상이 되어야 하며, 만들어 파는 사람의 입장에서는 손님의 욕망을 응축해내는 대상이 되어야 한다. 제품의 완성도만으로는 욕망을 채워줄 수 없다.

품질

품질은 제품의 완성도와 원료의 재질만으로 판단되는 것은 아니다. 돈을 낸 만큼의 가치를 가지는 것이 품질의 기본원리이다. 소비자는 프로페셔널이기 때문에 지불한 돈과 받은 상품의 가치를 비교해서 품질을 평가하게 된다. 소비자에게 절대품질이란 기준은 존재하지만 그것이 언제 어디서나 일률적으로 요구되는 것은 아니다. 떡볶이를 파는 분식점에서 턱시도를 차려입은 웨이터와 은접시를 요구하지 않는 것처럼 말이다.

재현성

재현성은 상업활동에 있어서 가장 중요한 요소이다. 다시 말해 재현이 되지 않는 제품은 판매할 수 없다는 것이다. 손님이 재방문했다는 것은 그동안 제공된 제품의 가치와 품질에 만족하여 다시 그 감동을 느끼기 위한 것이므로, 일정한 가치와 품질을 재생산하는 것이 무엇보다 중요하다. 예를 들어, 커피 추출도 잘하는 것만이 목표가 아니다. 잘하는 걸 일정하고 정확하게 유지하는 게 목표다. 그러므로 규정을 정하고 따라야 한다. 어차피 잘하는 사람이 24시간 있을 수 없다면, 규정을 통해 전 직원이 같은 품질을 낼 수 있게 해야 한다. 한 사람만 잘하면 나머지 모든 사람이 못하는 게 된다. 소비자는 어제 먹었던 게 좋아서 오늘 다시 오는 것이다. 어제보다 더 나은 걸 원하는 게 아니다. 소비자는 욕심쟁이가 아니다. 소비자는 언제나 현명하다.

맛은
경쟁력이 될 수 없다

대부분의 창업자들은 맛있게 만들면 손님이 찾아오고, 찾아오는 손님이 늘면 돈을 벌 거라고 생각한다. 그러나 주변의 카페와 식당을 둘러보라. 어느 누구도 맛없는 음식으로 장사해야겠다는 생각을 하지 않는다. 나 혼자만 맛있게 만드는 능력이 있는 것도 아니다. 모두 자기 수준에서 최선의 노력을 하고 있다. 실제로 한국의 카페에서 만드는 커피 수준은 세계적이다. 전반적으로 맛의 수준이 높아진 상황이다. 맛으로 승부를 걸겠다는 것은 기존의 카페들의 경험과 노하우를 얕잡아보는 순진한 소리에 불과하다.

맛은 기본이다. 그런데 한편으로 맛은 주관적이라서 평가기준이 되기 힘들다. 카페 주인의 입맛에 맞아도 손님이 싫어하면 그건 맛없는 음식이 될 수밖에 없다. 그러므로 최상의 맛을 추구하는 것은 무의미할 수 있으니, 관점을 바꿔서 맛있을 수 있는 조건들을 지켜내는 것을 목표로 해야 한다.

그렇다면 맛을 유지할 수 있는 조건은 어떤 것이 있을까?

첫째, 재료의 품질을 유지하는 것이다. 재료의 품질이 곧 제품의 품질이다. 카페의 음료 메뉴라면 커피 원두와 우유, 과일과 시럽 등을 본연의 맛이 제대로 나는 신선한 재료로 준비하는 것이다.

둘째, 위생을 최상으로 유지하는 것이다. 재료가 가진 맛보다 더 좋게 하는 방법은 없으므로, 좋은 재료를 준비했다면 이제 그 재료의 맛을 살릴 수 있도록 만들어야 한다. 가장 기본적인 방법이 위생적인 조리다. 최선의 재료를 맛의 변질 없이 만들어내는 것, 즉 깨끗한 조리환경을 유지하는 것만으로도 맛을 위한 노력을 하는 셈이다.

셋째, 정성을 유지하는 것이다. 아무리 노력해도 남들보다 더 나은 기술을 갖게 된다는 보장은 없다. 예비창업자들은 주로 기술을 배우러 다니는데, 기술에만 집중하는 순간 주방은 손님과 멀어지는 실험실이 될 뿐이다. 손님이 원하는 것은 '업계 최고의 기술'이 아니다. 최상의 맛을 내기 위한 자기 기준들을 세웠다면, 그 기준에 맞추는 것을 게을리하지 않고 최선을 다하는 자세, 그것이 정성이다. 맛을 위한 정성이 아니라 과정에 대한 정성을 지키는 것이 중요하다.

다시 말해, 최고의 커피맛, 최고의 팥빙수맛, 최고의 샌드위치맛으로 손님을 끌겠다는 생각보다 내가 정한 맛의 기준을 유지할 수 있는 조건을 지키려고 노력을 하는 편이 낫다.

지역 사람들을
연구하라

지역의 구성원 분석이 메뉴 구성의 첫번째 조건이다. 특히 연령대, 성비, 소비성향에 주목해야 한다. 연령대는 최대한 세밀하게 구분하는 것이 좋다.

20, 30대가 많다 하더라도 20대가 주축인지 30대가 주축인지 따져봐야 한다. 일례로, 나이가 어려질수록 단맛의 음료를 선호하고, 30대가 넘어서면서 건강과 칼로리 고민이 반영되어 커피도 기본적인 아메리카노를 주로 선택한다. 여성 고객은 아메리카노나 자몽주스 등 쓴맛이 뚜렷한 메뉴를, 남성 고객은 딸기 주스처럼 쓴맛이 덜한 메뉴를 선호하는 경향이 있다. 한편 대학가나 유흥가에서는 커피 중에서도 단 음료, 아예 커피가 아닌 음료

가 강세를 보인다. 데코레이션도 화려해야 한다. 사무실 근처에서는 편하게 자주 마실 수 있는 달지 않은 커피가 많이 팔린다.

그냥 맛있는 것을 팔겠다는 게 아니라 누구에게 맛있는 음식이 될지, 어떻게 맛있는 음식이어야 할지 고민을 하면서 전체적인 맛의 형태를 잡는 게 기본이다. 그렇다면 어떻게 연구를 하면 될까? 직접 가서 확인하는 게 제일이다. 지역에서 장사 잘되는 카페를 자주 방문해서 손님들의 만족도를 보라. 굳이 물어보지 않아도, 사람들의 표정과 반응으로 충분히 알 수 있다.

여기서 중요한 것은 나의 입맛이 아니라 손님들의 입맛이다. 잘 팔리는 게 맛있는 거라는 걸 인정해야 한다. 창업을 할 때는 고객의 취향을 우선적으로 존중해야 한다. 그렇지 않고 손님들의 수준이 낮다고 무시하면 안 팔리는 메뉴만 만드는 카페가 될 가능성이 높다. 손님들이 찾는 맛을 제공하되, 좋은 재료로 건강하게 만들어주면 되는 것이다.

주변 가게의
메뉴를 살펴보라

그 지역에 손님이 많다고 판단이 되면 기존의 카페들과 비슷한 계열의 구성을 해도 상관없다. 다만 가격이나 양이나 혜택으로 승부를 해야 한다. 반면 손님이 적은 지역이라면 개성을 드러낼 수 있는 대체 메뉴를 준비해야 한다.

주변의 식당이나 기타 간식 판매시설도 점검해보라. 식사를 파는 곳이 없다면 식사가 될 만한 샐러드 같은 메뉴를 개발하도록 한다. 반면 식당이 많은 곳이면 간식으로 가야 한다. 여기서도 베이커리 위주로 갈지, 과일 위주로 갈지는 주변 가게의 메뉴에 달려 있다. 소비자의 동선을 생각해보면, 우리 카페의 메뉴는 이 동네 모든 가게의 메뉴와 어느 정도 연결이 되어 있음을 알 수 있다.

카페에서 식사류를 제공한다면 인원의 운영이나 만들기에 부담이 될 수 있지만, 메뉴를 한두 가지로 한정하면 셰프가 필요없다. 전문성은 관건이 아니다. 좋은 재료에 정성을 담아내면 그만큼 표가 나게 돼 있다. 실제로 샌드위치 같은 사이드메뉴로 음료보다 많은 매출을 올리는 카페도 존재한다.

메뉴 간의 관계를
고민하라

지역을 분석하고 주변 가게들의 메뉴를 살펴보았다면, 메뉴를 구성해야 한다. 아메리카노처럼 기본적인 메뉴가 잘 팔리는 곳이라면, 대안이 될 음료가 필요없다. 판매량으로 승부를 하는 것이다. 사이드메뉴도 화려하지 않고 실용적인 것으로, 5천 원대 미만으로 준비한다. 테이크아웃이 가능한 조그마한 빵이나 쿠키 형태가 좋다.

반면 달콤하고 화려한 메뉴가 많이 팔린다면 에이드 같은 대체 메뉴가 있어야 한다. 누구라도 매일 칼로리가 높은 음료를 마시지는 않기 때문이다. 사이드메뉴도 비싸더라도 화려한 쪽으로 선택한다. 자리에 앉아서 먹으려는 사람들이 찾는 경우가 많아서 메뉴도 와플부터 브런치까지 늘어나기도 한다. 이런 가게에서는 큰 플레이트에 얼마나 먹음직스럽게 많이 주는지가 관건이다.

사람들이 좋아하는 음료 메뉴, 사람들이 필요하다고 생각하는데 못 하고 있거나 주변 식당이 하지 않는 사이드메뉴를 적절히 섞으면 안정적 구성이 된다.

'카피'의 유혹에
넘어가지 말라

시중의 유명한 메뉴를 비슷하게 만들어서 파는 것은 그 제품의 높은 인지도를 훔쳐내 매출에 도움이 되고자 해서 하는 것인데, 문제는 내가 아니라 소비자가 선택권을 쥐고 있는 것이다.

손님의 입장에서 생각해보자. 일단 '오리지널' 제품을 알고 있다면 그게 이런 가게조차 따라해야 할 만큼 훌륭한 메뉴이구나 하는 느낌이 들 수밖에 없다. 당장 모르더라도 시간이 흐르면 어떤 것이 오리지널인지 다 알게 된다. (그러니 내 돈 들여서 남의 가게 홍보해주는 일이 될 수 있다.) 또한 우리 카페는 '짝퉁'을 만드는 곳 같은 인상을 받기 때문에 신뢰도가 떨어지게 된다. 시즌별로 이것저것 '카피'해다 팔면 장사가 잘될 것 같지만 자기 색깔은 없이 이것저것 주워다 파는 삼류가 되므로 오래가는 곳이 되긴 힘들다.

카피 메뉴의 가장 큰 문제는 오리지널만큼의 값도 받기 어렵다는 점이다. 손님들에겐 짝퉁이란 아무리 싸도 싸지 않다는 느낌이 있기 때문에 좋은 재료로 과감하게 더 좋은 품질을 만들어내기엔 한계가 있다. 한편 오리지널의 경우 인지도를 가지고 충분히 많이 팔리고 있어서 대량구입을 통해 좋은 재료를 충분히 낮은 원가로 들여올 수 있다. 그러니 카페 메뉴가 오리지널 메뉴와 경쟁했을 때 맛이며 품질 모두 넘어서기 힘들다.

잘팔리는 메뉴, 대박 메뉴를 연구하는 것은 아주 훌륭한 자세이며, 언제나 놓지 말아야 할 과제이긴 하다. 연구는 유행하는 메뉴에 들어 있는 요인을 파악해서, 그것을 우리 지역 소비자들이 좋아하는 형태로 가공해내기 위해서 하는 것이다. 어려워도 우리 카페만의 메뉴를 개발하고 만들자. 본인이 소비자일 때의 생각을 잊지 말아야 한다.

메뉴판에
전략을 담으라

우선 메뉴판을 간결하게 구성해야 한다. 너무 많은 메뉴를 준비하지 말라는 뜻이다. 손님은 고르다가 짜증난다. 10초 이상 걸리지 않게 하는 것이 원칙이다. 핫/아이스를 하나로 봤을 때, 20가지 정도가 적당하다. 단 팔고 싶은 것을 먼저 두는 게 좋다. 일반적으로 커피, 차, 에이드, 사이드메뉴 순으로 메뉴를 구성하는데, 우리가 에이드 전문이라면 에이드를 맨 앞에 쓰고, 좀더 구체적인 메뉴를 밀고 싶다면 특별 메뉴를 첫 페이지나 첫 줄에 적어두도록 한다. 어차피 모든 메뉴가 균일하게 잘 팔리지는 않는다. 프로모션은 별도의 메뉴판에 적고 눈높이에 맞춰서 세워둬야 한다. 우리가 팔고 싶은 것이라는 걸 알려야 하기 때문이다.

세트 구성은 피하는 편이 장기적으로 유리하다. 모든 메뉴를 세트 위주로 할 게 아니라면 세트에 포함된 단품 메뉴가 안 팔리게 된다. 직장인들이 많은 지역은 아침에만 세트 메뉴를 팔고, 그밖의 시간에는 팔지 않는 것도 방법이다.

가격 전략도 메뉴판에 담을 수 있다. 모든 메뉴가 있어도 유독 한 제품만 싸게 할 수 있다. 일종의 미끼상품인데, 손님이 언제나 그것만 고르는 것은 아니기 때문에 충분히 효과가 있다. 그러나 메뉴 간의 가격차이는 그리 크지 않게 하자. 상대적으로 너무 비싸 보이는 제품은 아예 외면받게 된다. 미끼상품이라도 같은 계열의 음료보다 지나치게 차이가 나면 저항감이 들 수 있다.

각 제품의 가격도 500원, 1천 원 단위로 떨어지는 것은 피하자. 3400원이면 3500원을 100원 깎아준 게 되고, 3천 원이 되면 2800원을 200원 올린 게 된다. 100원, 200원을 더 받는 게 중요한 게 아니다. 가격을 100원 낮추더라도 200잔 팔아봤자 2만 원 수익이 적어질 뿐이다.

　메뉴는 기획이다. 결국 목표는 손님들에게 내 카페의 커피가 없는 생활을 상상도 하지 못하게 하는 것이다. 하루 세 번, 일주일에 5일, 4주간 커피를 마신다면 총 60잔이 된다. 500원씩만 남겨도 3만 원이고 이런 손님이 100명이 되면 매달 수익이 300만 원이 되는 것이다.

숫자에
속지 말라

앞서 말한 것처럼 손님을 돈으로만 따지다보면 숫자를 신봉하게 되는데, 숫자 역시 제대로 판단하지 않으면 허점이 많다. 가장 대표적인 실수는 목표를 수익금으로 잡지 않고 수익률로만 잡는 것이다.

　제품을 수익률로만 판단하면 재료를 제한하거나 제품을 제한하는 경우가 생긴다. 이를테면, 카페모카는 재료원가 비율이 50%인데 아메리카노는 10% 이하다. 그렇다면 카페모카는 아메리카노보다 되도록 덜 팔아야 하는 메뉴일까? 하지만 비율이 아닌 액수로 계산을 하면 이야기는 달라질 수 있다. 2천 원짜리의 20% 마진과 4천 원짜리의 10% 마진을 비교해보자. 이게 바로 창업자가 흔히 빠지는 계산의 함정이다.

	단가 (원)	분량	아메리카노 (원)	카페모카 (원)
커피	30,000/kg	18g	540	540
우유	2,400/L	280ml		672
초코소스	27,000/1.8L	30ml		450
초코시럽	18,000/L	10ml		180
합계			540	1,842
판매가			2,300	3,800
이윤			1,760	1,958
수익률			77%	51.5%

초기에는 비싼 재료가 많이 들어간, 마진율이 낮은 제품이 많이 팔리게 돼 있다. 2천 원짜리 아메리카노보다 500원 추가해서 우유 넣은 카페라테를 고른다는 것이다. 손님도 이 집의 맛은 어떤가 알아보는 단계인 것이다. 하지만 차츰 원가 비율이 낮은 음료로 옮겨가게 돼 있다. 누구도 매일 달콤한 캐러멜라테를 마실 수는 없기 때문이다. 그러니 굳이 수익률로 계산하고 싶다면 제품 하나하나의 수익률이 아닌 모든 제품의 평균수익금을 따져야 한다.

장사가 안 될수록
좋은 재료를 쓰라

워낙 오래된 가게가 많은 일본의 예를 들자면, 신규 진입이 어렵기 때문에 새로 시작하는 가게일수록 재료실을 공개해서 극도의 청결과 최상의 재료를 손님에게 선보인다. 손님에게 믿음을 먼저 주는 것이다. 단가가 많이 나오더라도 처음에는 과감하게 가야 한다. 장사가 안 될수록 좋은 재료를 써야 한다. 초기에는 원가를 너무 따지지 말라. 손님이 생긴 이후에 원가 점검을 다시 해도 늦지 않다. 손님이 많아지면 그에 맞게 대량으로 재료를 구입해야 하기 때문에 사입단가를 낮출 수 있으므로 원가는 걱정하지 않아도 된다. 기술이 부족한 초보의 경우 재료에 믿음을 주면 된다. 최상의 재료로 최상의 맛을 만들도록 노력해야 한다.

좋은 장비는 효과가 없다. 장비를 알아보는 건 일부 마니아뿐이다. 마니아는 단골이 될 리가 없다. 그들은 충분히 스스로 좋은 커피를 만들 수 있기 때문이다. 1천만 원 더 들여 비싼 기계를 사려고 한다면 그 사람은 커피 자체에 관심이 있는 것이지 손님에게 관심이 있는 것이 아니다. 차라리 재료에 투자하거나 아니면 더 비싸고 편안한 의자를 사라. 그게 손님을 더 생각하는 방식이자 손님을 더 끌어들이는 방법이기도 하다.

매출이 나오지 않으면 사이드메뉴를 추가해 객단가를 높일 생각을 하게 되는데, 장기적으로는 매출이 떨어지게 된다. 결국 손님이 자주 오지 못하게 하는 방법이기 때문이다. 사이드메뉴는 가능한 한 2명이 와서 먹을 때의 음료 가격보다 낮게 맞춰야 한다. 즉 음료 한 잔이 4천 원 기준이라면 사이드메뉴는 8천 원 미만이어야 한다. 그 이상이 되면 심리적으로 부담스러워진다.

메뉴를
정기적으로 점검하라

너무 자주 바꾸면 신뢰가 떨어지기 때문에 신중하게 결정하자. 그러나 매출정체가 일어나면 메뉴 교체를 고려해봐야 한다. 3~6개월 지나면 단골고객이 늘어야 하는데 그렇지 않다면, 매일 먹을 수 있는 메뉴가 없다거나 메뉴 단가가 높다는 등의 문제가 있는 것이다. 그렇다고 기존의 메뉴에 새 메뉴를 계속 추가하면 관리도 안 될뿐더러 개성도 없어지므로 잘 안 나가는 메뉴는 과감하게 빼야 한다.

그러면 어떤 메뉴를 추가하면 될까? 손님들이 "○○○ 돼요?"라고 물어보는 메뉴가 꼭 있다. 포스나 주문장 옆에 메모지를 두고 적으라. 한 달에 두세 번 이상 언급한 메뉴는 다음달에 반드시 반영하라. 여러 명이 물어봤다는 이야기는 어디선가 많이 팔고 있다, 사람들이 좋아한다는 뜻이다.

그리고 포스를 점검해야 한다. 1년치를 점검해보면 계절별로 변해가는 비율이 보인다. 계절별로 메뉴를 바꿔줘야 하는 이유다. 메뉴가 20~30개가 되므로 5%만 되어도 점유율이 높은 것이다. 1% 미만은 과감히 빼는 게 좋다. 그것을 위해 재료를 준비하는 게 손해다. 포스가 없더라도 판매량을 늘 파악해야 한다. 요즘은 결제의 90% 이상이 카드로 이루어지기 때문에 포스를 갖추는 것이 업무적으로도 편리하고, 통계를 정확하게 확인할 수 있어서 좋다.

에스프레소 샷 추가, 심지어 시럽 추가도 따로 적어놓는다. 메뉴로 등록을 해두면 굳이 추가금을 받지 않더라도, 현재 메뉴의 진하기, 당도를 판단할 수 있다. 주문내용에 담긴 정보를 축적하면 메뉴를 점검하고 정비할 수 있다.

메뉴에는
사람에 대한 애정이 담겨야 한다

메뉴에 관한 원칙들을 관통하는 가장 기본적인 원칙은 사람에 대한 애정이다. 손님들이 수준 낮은 커피를 즐긴다고 무시하는 게 아니라, 그들에게 좋은 재료로 비슷한 맛을 제공한다면 손님의 신뢰는 더욱 커질 것이다. 그렇게 고민하는 것은 단지 계산기를 두들겨서 나오는 장삿속이 아니다. 창업교육기관에서는 아직도 객단가로 손님을 평가하지만 그렇게 계산하는 경우는 망하게 된다. 제품에 대한 애착과 정성이 있다면 손님에게 고스란히 전달될 것이다.

카페는 커피를 사고팔기만 하는 곳이 아니라 돈을 내고 가치를 돌려받는 행위가 이루어지는 공간이다. 메뉴를 리뉴얼할 때도 손님을 기준으로 해야 한다. 단맛, 쓴맛의 정도도 손님의 입맛에서 결정해야 하는 이유다. 결국은 내 문제이지만 해결책은 손님의 입장에서 찾아야 한다.

2.

에스프레소 커피

1) 에스프레소란?

커피의 긴 역사에서 100년 정도밖에 안된 신기술인 동시에 커피의 가장 진화된 형태인 에스프레소espresso는 커피를 가장 맛있게 만드는 방법이기도 하다.

에스프레소를 한마디로 정의하자면, 기계를 이용해 가장 빠르게 추출하는 방식으로, 열을 가하는 시간을 최소한으로 해서 커피가 변질되지 않게 하는 것이 핵심이다. 그러므로 진하게 추출한 에스프레소는 맛과 향을 동시에 즐기는 커피다. 마시고 나서도 오래 향이 남는 매력이 있다.

한편 에스프레소는 커피 메뉴의 가장 기본이 되는 재료, 여러 커피 메뉴로 응용할 수 있는 재료가 되기 때문에 카페 운영에서 가장 중요하다고 할 수 있다.

2) 특징

- **곱게 분쇄해서 추출한다.** 커피와 물이 닿는 면적이 넓어져 커피의 성분이 충분히 잘 우러나올 수 있도록 하기 위함이다.
- **적은 양으로 효율적으로 추출한다.** 곱게 분쇄했기에 가능한 효율이다. 교과서적으로는 7g을 기준으로 하되 기호에 따라 0.5g씩 증감할 수 있다. 그러나 최근에는 커피를 더 많이 쓰는 추세여서 요즘 기계는 실제 8.5~9g을 사용한다. 재료가 많이 들어가면 맛이 풍부해지기 때문이다.
- **뜨거운 물로 추출한다.** 용해도는 온도와 시간에 비례하므로, 추출시간은 짧지만 물의 온도를 높여 커피 성분을 녹여낸다. 이탈리아 에스프레소 기준의 물 온도는 88℃다.
- **압력을 이용하여 추출한다.** 가늘게 분쇄했으므로 물이 통과하기 어려워서 9기압의 압력을 이용하여 뜨거운 물이 커피를 빠르게 통과하도록 한다. 에스프레소머신의 포터필터에 작용하는 힘이 약 280~300kg이다.

3) 추출의 기준

이탈리아에는 국립에스프레소연구소INEI(Istituto Nazionale Espresso Italiano)가 있다. 이곳에서는 전통적인 에스프레소에 대한 기준을 가장 정확하게 제시한다. 크레마는 황금색이어야 하며, 단맛과 쓴맛 그리고 신맛이 조화를 이루어야 하고, 떫은맛이 없어야 한다는 등 에스프레소의 형태, 맛의 경향성 등에 대해 아주 구체적으로 정의하고 있다.

아래는 INEI가 규정한 에스프레소의 추출조건이다. 현재까지도 유효하며, 일반적으로 인용되고 있다. 그러나 허용치가 넉넉해서 엄밀한 기준이라기보다 일종의 이탈리아식 가이드라인이라고 보면 된다.

기압	9±1바
커피의 양	7±0.5g
온도	88±2℃
한 잔의 양	25±2.5ml
추출시간	25±2.5초

전통적인 커피 추출에서 커피 대 추출물의 중량 비율은 약 1:3이다. 이러한 추출 비율은 로스팅의 정도, 잔의 크기, 음용 스타일에 따라서 변경된다. 일례로 2000년 이후 에스프레소머신은 대부분 17~18g짜리 바스켓(더블 샷 기준)이 달려 있다. 기계적인 조건 자체가 이미 규정에서 벗어나 있지만 맛이 더 좋아지기 때문에 묵인하고 있다. 2010년 이후 21g 트리플 바스켓을 쓰기도 한다. 이에 따라 커피 대 추출물의 중량 비율이 이전 1:3에서 1:2.5, 심지어 1:2 비율까지 낮아지기도 한다. 한편 추출 온도 88℃라는 기준은 일부 지역에서는 90℃로 되어 있기도 하다.

4) 에스프레소 상식

리스트레토와 룽고도 있다

추출된 한 잔의 양에 따라 세분할 수 있다. 통상적으로 30ml로 추출한 커피를 에스프레소라고 하고, 20~25ml로 추출과정 중 앞부분만을 활용해 진하게 추출한 것을 리스트레토ristretto, 40ml 이상 추출한 것을 룽고lungo라고 한다. 에스프레소는 리스트레토, 룽고와 구분하기 위해 '싱글'이나 '레귤러'라고 부르기도 한다.

리스트레토

룽고

에스프레소는 이탈리아식, 미국식이 다르다

'에스프레소'는 이탈리아어로 '빠르다'는 뜻이다. 이탈리아 사람들은 아침에 속이 부대낄 때만 우유를 타 마시고, 점심과 저녁 거하게 식사를 한 후 대부분 농축된 진한 커피를 마신다. 그렇게 스트레이트로 마시기 때문에 커피가 가진 본연의 맛에 민감할 수밖에 없어서 그 향미를 살릴 수 있는 중간 정도의 로스팅을 한다. 반면 미국식 커피는 물 대신 커피를 마시는 문화에서 시작되어 양이 많다. 스타벅스로 대표되는 카페에서는 커피를 베이스로 한 음료가 발달했다. 즉 커피에 우유와 시럽 등을 넣으려면 커피를 강하게 구워서 커피의 존재감을 살려두어야 한다. 이탈리아식이냐 미국식이냐는 옳고 그름의 문제가 아니라 선택의 문제다.

우리는 고객의 수요에 따라 이 둘의 장점을 적절하게 활용할 수 있다. 베리에이션 메뉴의 비중이 높을 때는 좀더 강하게 구워서 커피의 존재감을 나타낼 수 있는 커피를, 이지 드링킹 메뉴를 많이 찾는 지역에서는 좀더 편안하고 다양한 맛의 표현이 가능한 중간 정도의 로스팅이나 약한 로스팅 커피를 사용하는 식으로 말이다.

압력과 내부의 가스에 의해 발생하는 것이 크레마

커피는 벌집 구조라서 수없이 많은 세포들이 들어 있는데, 로스팅 과정에서 발생하는 가스(CO_2)가 차올라 이 세포에 자기 부피의 2.2배까지 차게 된다. 로스팅을 마친 커피를 추출하게 되면, 즉 이 커피를 분쇄한 다음 거기에 물을 흘리게 되면 뜨거운 물이 내려오면서 표면의 성분이 물에 닿아 녹아 나온다. 이때 에스프레소는 300kg의 힘으로 누르기 때문에 곱게 분쇄된 커피 사이사이에 물이 스며들면서 안에 있던 가스가 나오게 되고, 물과 함께 세포 안의 기름 성분이 흘러나와 거품

이 만들어진다. 그러면 잔에는 커피가 녹아든 물 위에 가벼운 거품이 뜨게 되는데, 이 거품이 바로 크레마crema다.

크레마가 형성된 커피는 잘 저어서 마셔야 한다. 커피맛이 담겨 있는 물, 즉 수용성 성분만 혀의 미뢰가 감지할 수 있는데, 크레마는 커피향이 녹은 기름(지방질)이므로 잔을 기울여 크레마만 맛을 보면 매우 쓴맛만 날 뿐이다. 그래서 향과 맛을 동시에 음미할 수 있도록 잘 섞어야 한다. 그래서 전통적으로 에스프레소는 스푼과 함께 제공해서 커피와 크레마를 잘 섞어 밸런스 잡힌 맛을 즐길 수 있도록 해주어야 한다.

설탕을 넣어 마시는 게 좋다

커피의 가장 아름다운 파트너는 설탕이다. 설탕을 넣는 걸 '촌스럽다' 하는 사람들도 있지만 편견일 뿐이다. 외국에서도 많이들 넣어 마신다. 설탕은 커피의 쓴맛을 없애서 고급

스런 신맛과 다양한 맛이 나게 만들어 주는 중요한 역할을 한다. 그래서 굳이 단맛을 내려고 하지 않아도 설탕 반 티스푼만 넣으면 커피를 좀더 부드럽고 편하게 마실 수 있다.

에스프레소머신의 원조, 모카포트

요즈음처럼 자동화된 에스프레소머신이 없던 시절에 에스프레소 커피 추출도구로 쓰인 것이 바로 모카포트다. 아주 간단한 구조와 내구성 그리고 편리한 사용법 덕분에 가정에서도 사용하기에 좋다. 많은 양의 커피와 적당한 압력(1~1.5바)을 사용하므로 충분히 에스프레소와 비슷한 커피를 맛볼 수 있다.

하지만 불 위에 직접 올려 가열하는 특성상 커피의 고유한 향미가 타버리기도 해서 고무 탄내 같은 것이 느껴질 수도 있다. 그러므로 에스프레소 자체로 마시기보다 물로 희석하는 아메리카노나 우유에 타는 라테에 이용하면 고소하고 독특한 맛을 즐길 수 있다.

실제로 모카포트를 이용해 영업을 하는 카페들도 존재한다. 기구 자체가 귀엽게 생겼고, 음료를 추출하는 과정도 정성스러워 보여 손님들이 호감을 갖기도 한다. 에스프레소머신으로 만드는 커피보다는 단조롭지만 분명 자기만의 색깔을 낼 수 있기 때문에, 잘만 활용하면 카페에 매력을 더할 수 있다.

3.

에스프레소 추출

에스프레소머신

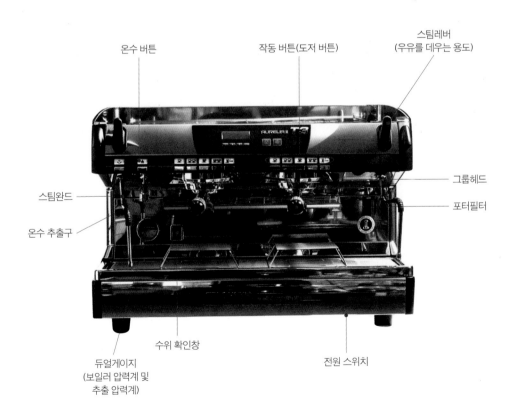

온수 버튼

작동 버튼(도저 버튼)

스팀레버
(우유를 데우는 용도)

그룹헤드

포터필터

스팀완드

온수 추출구

수위 확인창

듀얼게이지
(보일러 압력계 및
추출 압력계)

전원 스위치

수동 그라인더

호퍼

중력저감장치

호퍼 스토퍼

도저

도저 레버

스위치

포터필터 거치대

트레이

도징날개

도징량
조정나사

도징량
조정날개

도저
분쇄된 커피가 일정한 양으로 나오게 하는 장치

자동 그라인더(온디맨드on demand 그라인더)

호퍼

중력저감장치

분쇄도 조정나사

호퍼 스토퍼

메뉴 조작 판넬

커피 토출구

그라인딩 스위치

포터필터 거치대

디스플레이

안전 퓨즈

전원 스위치

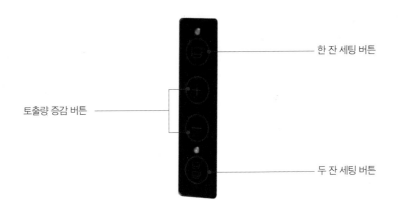

한 잔 세팅 버튼

토출량 증감 버튼

두 잔 세팅 버튼

카페 실무 매뉴얼

1 - 테이블 준비

위생을 계속 유지할 수 있도록 주변을 깨끗이 정리하고 추출을 시작한다.

행주 3장 준비 반드시 용도를 구분해서 교차 오염이 없도록 한다.
젖은 행주 1 회색 또는 노랑 등 유색으로 준비한다. 식기와 닿는 행주와 구분하기 위함이다. 사용하기 전에 물에 적셔서 상판이나 기계 외부를 닦는 데 쓰인다. 오염되면 새것으로 교체한다.
젖은 행주 2 오염상태를 쉽게 확인할 수 있도록 흰색으로 준비한다. 스팀완드를 닦아내는 데 쓰인다. 위생기본규정상 3시간마다 교체해야 한다. 손이 닿으면 대장균이 번식하기 때문이다. 접시나 전용 용기를 사용해서 바닥에 닿게 두지 않도록 한다.
마른 행주 유색 린넨으로 준비한다. 주로 포터필터의 물기를 제거하기 위해 쓰인다.

그라인더

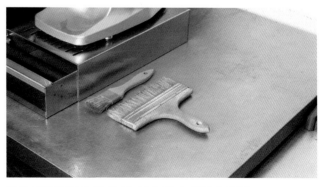

얇은 브러시(도저 안 청소), 넓은 브러시(상판 청소)

Tip
바닥에 폭신한 고무깔판을 깔면 관절과 허리 통증이 예방된다.

2 - 추출 준비

1 손목을 꺾지 말고 포터필터 핸들을 툭 치듯 돌려 포터필터를 에스프레소머신에서 분리한다. 핸들을 완전히 움켜쥐면 분리할 때 손목이 급격히 돌아가 손목 부상의 원인이 된다. 손목 부상의 대부분은 탬핑보다는 포터필터의 결합과 분리 과정에 많이 생긴다. 특히 경화된 가스켓은 손목에 무리를 심하게 주므로, 제때 교환한다.

2 한 잔 또는 두 잔짜리 버튼을 눌러 물이 흐르게 해서 샤워스크린의 커피 찌꺼기를 제거하고 포터필터의 커피가루를 씻어낸다. 이렇게 함으로써 기계에 부착되어 있는 동안 열이 축적되어 뜨거워진 헤드가 식어 물의 온도가 정상을 찾는다(temperature surfing / draining). 추출을 계속할 때는 생략해도 무방하다. Lamerzocco, dala corte 등의 독립형 보일러머신들은 헤드 온도가 상승하지 않기 때문에 생략한다.

3 마른 행주로 포터필터의 물기를 제거한다. 물기가 있으면 그곳에 커피가 엉겨붙어서 사전추출이 일어나 추출 불균형의 원인이 된다. 또한 작업장의 청결을 유지하기 위함이기도 하다.

포터필터 쥐는 법

가볍게 잡아야 한다.

잘못된 예

움켜쥐면 손목에 무리가 간다.

Tip

포터필터의 헤드가 핸들보다
5도 이상 높게 유지하도록 한다.

카페 실무 매뉴얼

3 – 그라인딩grinding
갈기

수동 그라인더

1 커피가 호퍼의 절반을 넘지 않도록 한다(1/2 이하, 1/3 이상). 밀폐구조가 아니므로 습기와 열. 콩의 산화를 막기 위해 많은 양을 담아놓지 않는다.

2 그라인더 스위치를 켜서 그라인딩을 시작한다.

3-1 도저를 세팅하고 사용하는 경우, 도저에 일정한 양의 커피가 담겨 있도록 항상 보충해주어야 한다.

3-2 도저를 세팅하지 않고 사용하는 경우, 커피가 도저 안의 가운데칸에 가득 차서 양옆으로 약간 넘칠 정도면 더블 샷을 한 번 추출하기에 적당한 양이다.

◆ 호퍼에 담은 양이 반으로 줄 때마다 다시 보충한다. 호퍼에 커피가 너무 많이 담기면 내리누르는 힘이 세져서 빨리 굵게 나온다. 굵기의 편차의 줄이기 위해 일정한 양을 담도록 한다.
◆ 호퍼 안에 달린 삿갓 모양의 중력저감장치를 제거하지 말아야 한다.
◆ 그라인딩 중에는 절대로 손을 도저 안으로 넣어서는 안 된다.
◆ 커피는 갈아놓으면 한 시간에 70% 이상 향 손실이 생기므로, 바쁜 매장이 아니라면 도저를 세팅하지 않고 한 잔 분량씩만 가는 게 좋다.

자동 그라인더

1 자동 그라인더는 세팅된 용량에 따라서 지정된 용량만큼 커피가 갈려서 나오기 때문에 사용이 편리하다.

2 호퍼에 담겨 있는 커피의 양이나 습기나 온도에 따라 토출량이 변하기 때문에 주기적으로 토출량을 확인해서 정량 토출이 되고 있는지 확인한다. 저울을 사용해서 포터필터에 담기는 양을 체크한다. 매번 체크하면서 정확한 추출을 하는 것도 추천하지만, 중량을 체크하는 과정 때문에 추출이 늦어진다면 커피의 품질이 떨어질 수 있으므로 최대한 빠르게 체크하는 것이 좋다. 또한 계속적인 측정을 통해 커피 양이 일정해지면 측정 빈도를 줄여도 좋다.

3 도징 시 가운데만 봉긋하게 올라오게 되는데, 이런 경우 많은 바리스타들이 포터필터를 바닥에 치는 등 충격을 가해 커피가 가라앉게 만들어서 평평하게 보이도록 만든 후 탬핑을 한다. 이렇게 표면 고르기 없이 탬핑을 바로 하게 되면 밀도 불균형 때문에 편추출의 원인이 되기도 한다.

4 도징컵, 디스트리뷰터를 사용해서 편추출을 최대한 방지하면 좀더 품질을 안정적으로 유지할 수 있다.

◆ 자동 그라인더는 대부분 갈리는 시간을 측정해서 세팅하는 방식이기 때문에, 굵기를 변경하면 토출량 또한 변하게 된다. 즉 좀더 가늘게 갈면 같은 시간을 갈았더라도 커피 토출량이 줄어든다. 이 상태 그대로 추출하게 되면 추출 속도가 오히려 빨라지거나, 바스켓 안에 커피가 부족해져 편추출이 일어날 수 있다. 따라서 가늘게 굵기를 조정했다면 토출 시간을 늘려 커피 양을 맞춰야 한다. 0.1g 단위를 측정할 수 있는 정밀한 저울이 꼭 필요한 이유다.

4 – 도징 & 디스트리뷰팅dosing & distributing
옮겨 담기

1 도저의 레버를 당겨서 포터필터에 소복히 쌓일 정도로 커피를 담는다. 레버를 당기는 속도는 너무 빠르게 하지 않는다. 빠르게 당기면 커피가루가 날린다.

2 커피가루가 가운데 쌓이지 않고 한쪽으로 치우치기 때문에 포터필터를 약간씩 돌리면서 고르게 받도록 한다.

◆ 일정하게 맞추기 위해 바스켓의 정량보다 더 많이 소복하게 담아서 깎아낸다. (그루밍 참조)
◆ 세팅을 하고 사용하는 경우, 도저의 2/3 이상 커피가 담겨 있어야 레버를 당길 때마다 일정한 양이 나오게 된다.
◆ 커피의 양을 조절하고 싶으면 바스켓에 담는 양을 조절하지 말고 아예 바스켓의 크기를 변경한다. 가볍고 연한 맛은 작은 바스켓, 진한 맛은 큰 바스켓을 사용한다. 카페의 특징에 맞게 선택한다.
◆ 자동 그라인더를 사용하더라도 항상 일정한 양이 그라인더에서 나오는 것이 아니기 때문에, 바스켓을 이용해 커피의 양을 일정하게 맞추도록 한다.

| 바스켓 |

커피의 맛을 정할 때 가장 먼저 해야 할 것은 커피의 양을 결정하는 것이다. 드립커피라면 커피의 양을 결정하는 것이 자유로운 편이지만 에스프레소는 매우 제한적이다.

일단 바스켓에 정해진 양보다 많은 양을 담을 경우 양을 일정하게 할 수 없을뿐더러 에스프레소머신에 포터필터를 결합하기도 어렵고, 결합과 분리 과정에서 손목에 부상을 당할 수도 있다. 또한 정한 양보다 적게 담을 경우 육안으로 정확한 양을 가늠하기가 쉽지 않으므로 품질이 일정하지 않을 위험이 있다. 설령 저울을 사용한다 하더라도, 그 과정에서 뜨거운 포터필터에 이미 담긴 커피는 타게 되면서 전체적으로 품질이 떨어져버린다.

따라서 가장 쉬우면서도 효과적인 방법은 정확한 양을 자동 그라인더로 담아내거나, 수동 그라인더를 사용해서 충분히 커피를 담은 다음 남는 양을 깎아내는 것이다.

숙련된 바리스타뿐만 아니라 초보 바리스타도 안정된 커피를 추출하기 위해서는 담는 것을 훈련하는 것보다 커피 양을 의도대로 담을 수 있는 바스켓을 장착할 수 있도록 작업 설계를 해주는 것이 좋다.

바스켓은 사이즈와 추출구의 모양이 아주 다양하기 때문에 여러 가지 바스켓을 이용해서 메뉴에 가장 적합한 양과 추출 경향에 맞출 수 있다. 용량에 따라 14g짜리부터 21g짜리까지 있으며, 담기는 커피의 양뿐만 아니라 바닥면 구멍의 수와 크기가 다르기 때문에 맛이 조금씩 달라진다.

5 - 그루밍grooming
(서피싱surfacing)
고르기

커피를 고르게 담고 불필요한 커피를 제거해서 일정함을 유지하는 과정이다. 기구보다는 손의 감각이 예민하므로 기본적으로는 손을 사용한다. 커피 추출을 위한 물이 90℃가 넘기 때문에 위생에는 문제가 없다. 더 많이 담아 남는 부분을 버리는 방식으로 진행한다.

탬퍼를 이용해 사방을 목탁 치듯이 치는 경우도 있는데, 이렇게 하면 커피가 고르게 펼쳐진 것처럼 보이지만 실제로는 가운데 부분의 밀도가 여전히 높다. 그러면 물이 밀도가 낮은 곳으로만 흘러 커피가 연해지고 맛이 없어지는 채널링channeling 현상이 생긴다. 또한 시간을 조금 더 소비함으로써 커피의 향미가 떨어진 채로 추출이 이루어질 가능성이 있다.

동서남북 방식

동서로 한 번, 남북으로 한 번 깎아낸다. 손을 30도 정도로 기울인 채 움직여서 커피가루를 가운데로만 모아 압력이 집중되는 것을 막아준다.

1 덜 담긴 부분으로 커피를 밀어준다.

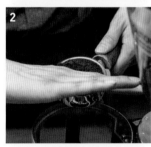

2 반대 방향으로 커피를 밀어준다.

3 직각으로 포터필터를 틀어서 다시 커피를 밀어준다.

4 남은 커피를 밀어서 도저 안으로 떨어뜨린다.

5 가장자리에 묻은 여분의 커피를 떨어낸다.

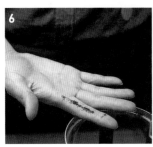

6 손가락의 날을 사용하면 관절 때문에 표면이 울퉁불퉁해지므로 손가락의 중심선에서 약간 바깥쪽 선을 사용한다.

스톡플레스stockfleth 방식

엄지와 검지를 벌려 그 사이를 이용해 커피를 다져넣는다. 팔을 들어서 앞 사람을 안듯이 한 다음 손목을 사용하지 않고 팔을 민다. 충분히 훈련이 되면 상대적으로 많은 양을 담을 수 있다. 좀더 풍부한 맛을 내기에 적당하다.

1 팔을 최대한 가슴 가까이 끌어당긴다.

2 엄지와 검지 사이의 살을 이용해서 커피를 안에 가둔다.

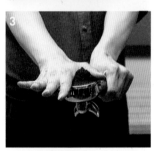

3 팔꿈치를 펴면서 앞으로 밀어주면 자연스럽게 엄지와 검지 사이로 커피를 감싸게 된다.

4 팔꿈치를 폈을 때 가까이 본 모습이다.

5 남은 커피를 밀어서 도저 안으로 떨어뜨린다.

6 엄지와 검지 사이를 사용하는 방법이다.

Tip

스톡플레스란?
원래는 전설적인 바리스타를 많이 배출한 노르웨이의 카페 이름. 그곳에서 일한 바리스타들이 고안한 그루밍 방식을 가리키기도 한다.

도징나이프 방식

물을 많이 사용해서 손이 젖은 경우는 도징나이프를 사용하여 여러 번 가로세로로 자르듯 밀고 나간다. 그래야 빈 부분이 채워지기 때문이다. 마지막으로 도징나이프를 뒤쪽으로 기울여 커피를 퍼내듯이 도저 방향으로 깎아낸다.

1 도징나이프를 직각으로 세워서 쌓인 커피를 3, 4번 나눠 자른다. 커피를 밀고 간다는 느낌으로 도징나이프를 살짝만 든다.

2 도징나이프를 직각 방향으로 돌려서 반복한다.

3 남은 커피를 도저 안으로 밀어주는데, 도징나이프를 45도로 눕혀 뒤에서부터 밀어내야 고르게 담긴다.

6 - 탬핑tamping
다지기

커피를 잘 다져서 물 흐름을 고르게 하기 위한 과정이다. 또한 샤워스크린(추출구에 달려 물이 고르게 분사되도록 하는 필터)이 커피케이크(바스켓 안에 다져진 커피가루)를 짓이기거나 깨뜨리지 않게 하여 커피와 샤워스크린 사이의 공간을 확보한다. 그 공간에 물이 차고 나서야 커피가 잘 부풀게 되므로 추출될 준비를 하는 것이다(사전추출). 탬핑 중에 물을 흘려 헤드의 온도를 낮춘다.

포터필터가 뜨거운 상태이므로 커피가 닿는 순간부터 커피는 타들어간다. 오래 다듬을수록 커피의 품질은 떨어질 수밖에 없다. 커피가 포터필터 담긴 순간부터 추출버튼 누를 때까지 7초 이내로 하는 것이 좋다. 쓸데없는 동작을 줄여서 맛의 손실을 최대한 막는 것이 중요하다.

탬퍼는 무거울수록 좋다. 무거운 것을 쓰면 심리적으로 힘을 많이 주지 않게 되어서 부상을 방지할 수 있다. 탬퍼의 손잡이는 자세대로 쥐어봐서 편한 것을 고르면 된다.

탬퍼 바닥은 유럽식으로 많이 휜 것(유로)과 미국식으로 평평한 것(아메리칸) 등 다양하다. 그러나 탬퍼의 바닥 모양 때문에 맛이 달라지는 게 아니다. 커피에 채널링이 덜 되도록 바스켓에 맞는 탬퍼를 사용하는 것뿐이다. 그러므로 맛이 달라지는 원인은 탬퍼가 아닌 바스켓이다.

탬핑을 강하게 하면 물이 통과하기 어려워 추출시간이 길어져 커피가 진하게 나오고, 약하게 하면 그 반대로 연하게 나온다는 속설이 있다. 그러나 아무리 단단하게 눌러봐야 30kg의 힘 이상 줄 수 없는 반면, 샤워스크린에서 나오는 물의 압력은 9기압(약 300kg)이나 된다. 또한 커피에 뜨거운 물이 닿으면 가스가 빠져나와 커피가 부풀어오르기 때문에 단단한 탬핑은 의미가 없다.

그러나 실제로 탬핑의 강도에 따라 맛의 차이를 느낄 수는 있다. 그것은 샤워스크린과 커피 사이의 공간 때문이다. 세게 누르면 샤워스크린과 커피 사이의 공간이 넓어져, 부풀어오르는 시간이 길어진다. 그러므로 물이 9기압까지 올라오는 시간이 오래 걸려 커피가 추출되는 시간이 늘어난다. 그럼에도 이 방식을 카페 운영에 적용할 수 없는 이유는 아무리 세게 탬핑한다고 해도 늘 일정한 힘을 줄 수 없어서다. 일정한 맛을 지키지 못하는 커피는 상품 가치가 떨어진다. 그러므로 탬핑에서 중요한 것은 일정한 강도이다.

탬퍼는 항상 마른 수건으로 깨끗하게 닦아서 물기가 없도록 해야 한다. 물기가 있으면 커피가 묻어 표면이 고르게 되지 않는다.

1 탬퍼는 손에 힘을 주지 않고 가볍게 잡는다. 팔꿈치, 팔목, 엄지 손가락이 일직선이 되게 해야 손목에 힘이 들어가지 않는다.

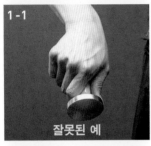

잘못된 예

1-1 탬퍼를 움켜쥐면 손목이 꺾여버려 부상의 원인이 된다.

2 포터필터와 탬퍼의 면이 수평을 유지하는지 확인하면서 조심스 럽게 포터필터에 탬퍼를 올린다. 탬핑은 힘으로 하는 것이 아니 라 자세로 하는 것임을 명심하고, 팔을 직각이 되게 해서 편안 하게 눌러준다. 팔목의 힘을 주지 말고 체중을 가볍게 실어준다. 오른손의 손목이 꺾이지 않도록 주의한다. 탬핑의 압력을 일정 하게 하도록 신경을 쓴다.

3 탬핑을 하면서 육안으로 좌우를 확인하고 손의 감각으로 전후 를 확인해서 탬핑이 기울지 않았는지 점검한다.

4 탬퍼를 뗀 후 표면이 고르게 되었는지 확인한다.

잘못된 예

5 옆에 묻은 이물질을 떨어내거나 벽면의 커피가루를 포터필터 안으로 넣기 위해 하는 태핑(tapping, 가볍게 침)을 하면 가장 자리에 틈새가 생긴다. 이 틈새 때문에 채널링이 생길 수 있고, 또한 이 과정에서 시간이 지체되면서 커피의 향미가 손실된다.

디스트리뷰터

요즘은 자동 그라인더의 보급이 늘어남에 따라 커피가루의 편중에 따른 편추출을 방지하기 위해서 디스트리뷰터라는 도구를 대중적으로 사용하는 추세다. 디스트리뷰터는 포터필터에 얹어서 회전시키는 방식으로 사용하며, 디스트리뷰터의 구조에 따라서 커피를 밀어서 제자리로 넣어주는 역할을 한다. 또한 세팅에 따라 커피케이크의 높이를 지정한 만큼의 높이로 만들어주기 때문에 탬핑을 따로 하지 않아도 된다. 따라서 그루밍과 탬핑을 동시에 할 수 있기 때문에 좀더 좋은 커피를 안정적으로 만들어낼 수 있다.

다만 사용 시에 디스트리뷰터의 높이를 정확히 맞춰주지 않으면 커피케이크 내부에 공간이 존재하거나 커피가루의 편중이 생길 수 있어서 추출이 불안정해질 수 있다. 따라서 여러 번의 추출을 통해 커피가 안정적으로 나오는지를 확인하고 조정해야 하며, 불안하다면 탬핑을 추가로 하는 것도 추천한다.

| 탬퍼 종류 |

| C플랫 리플 | C플랫 | 유로 | 아메리칸 | 플랫 |
| C-flat ripple | C-flat | euro | American | flat |

탬퍼의 모양은 매우 다양한데, 이 모양마다 커피의 맛이 달라지는 것이 아니다. 탬퍼의 모양은 바스켓의 모양, 샤워스크린과의 조합이 중요하다.

바스켓의 벽면이 일자로 되어 있다면, 플랫 탬퍼도 무방하지만 바스켓이 원뿔형태이거나 바닥면이 둥글다면 커브가 있는 탬퍼나 C플랫을 써서 채널링을 방지한다.

샤워스크린의 고정나사가 볼트로 되어 있다면, 볼트에 의해서 표면이 망가지지 않도록 커브가 많이 진 유로커브를 사용하는 것도 방법이다.

7 – 포터필터 결합 후 추출

1 포터필터의 손잡이를 움켜쥐지 말고 엄지와 검지로 가볍게 잡고 헤드에 결합한다. 커피케이크가 깨지지 않도록 조심한다.

2 손목과 팔을 움직이지 않고 몸통을 돌려서 결합한다.

3 지정된 버튼을 눌러서 추출을 한다. 추출시간을 체크한다.

◆ 30ml 기준 27~30초 사이로 추출되게 한다.
◆ 계속 추출할 경우에는 드레이닝(물 흘림)을 다시 할 필요가 없다. 시간을 줄이기 위해 사전 작업의 드레이닝으로 끝낸다.

8 - 추출 후 포터필터 분리

1 포터필터를 움켜쥐지 말고, 손잡이를 툭 치듯 하면서 잡은 뒤 손목이 꺾이지 않도록 몸으로 당겨서 분리한다.

2 커피케이크를 빼낼 때는 털이통의 고무 부분에 가볍게 쳐서 바스켓 테두리가 찌그러지지 않도록 주의한다.

3 커피케이크의 상태를 확인한다.

◆ 커피케이크가 다 젖지 않았다면 채널링이 발생한 것이다. 샤워스크린이 막혀 있는지 확인하고, 문제가 없다면 도징과 서피싱을 제대로 하지 못한 경우다.

◆ 물기가 흥건하다면 솔레노이드 밸브에 때가 끼거나 고장이 나서 물 빠짐이 제대로 안 되는 경우일 수 있다. 기계에 이상이 생긴 것이므로 기술자와 상의한다. 단 20g 이상 바스켓을 사용할 경우에 물이 고이는 현상이 생길 수 있으나, 이는 고장이 아니고 자연스러운 현상이다.

정상적인 바스켓   테두리가 찌그러진 바스켓

4.

에스프레소 평가

1) 평가 방법

시각

커피의 성분을 뜨거운 물과 압력으로 녹여내는 에스프레소머신을 통해 커피를 추출하게
되면 '크레마'라는, 에스프레소만의 고유한 거품이 형성된다. 이 크레마는 주로 커피 안
에 들어 있는 기름 성분과 단백질 성분으로 이루어져 있다. 즉 커피에서 물에 잘 녹지 않
는 지용성 성분으로서, 에스프레소 추출과정의 정보를 고스란히 담고 있다. 그러므로 커
피를 평가하는 데 크레마는 아주 중요한 요소가 된다.

시각적으로는 크레마를 중심으로 평가를 하게 되는데 크게 나누면

크레마의 색,

크레마의 양,

크레마의 모양

이상 세 가지를 살펴본다.

크레마의 색

크레마의 색은 커피의 추출 강도를 나타낸다. 크레마의 밑에 담긴 커피 추출액은 색이 매
우 진해 추출의 정도를 눈으로 확인하기 어려운 반면, 비교적 밝은색을 띠는 크레마는 기

준으로 삼고 비교하기가 편하다. 그러나 절대적인 색의 기준은 없고, 사용된 커피 원두의 색을 기준으로 평가를 진행한다.

원두의 색과 비슷하다

커피 원두 안의 성분을 잘 이끌어냈다고 볼 수 있으며, 특별히 나쁜 맛 없이 누구에게나 무난한 맛이 난다. 이렇게 추출된 커피의 크레마에서는 '타이거 스킨tiger skin'이라 불리는, 표면에 불규칙한 무늬들이 생기는데 이는 잘 추출된 커피의 상징과도 같다. 이렇게 추출된 커피는 마셨을 때 아주 풍부한 향과 맛을 느낄 수 있다. 이론적으로는 타이거 스킨은 커피의 세포벽이 부서져 커피 위에 뜨는 목질 성분으로서 과도한 추출 시 형성되기 쉽다고 알려져 있으나, 실무적으로는 조금 과도한 추출이라도 약간의 타이거 스킨이 형성되면 맛이 풍부하게 나타나기 때문에 나쁘지 않다고 판정한다.

원두의 색보다 연하다

크레마가 원두의 색보다 많이 연하게 느껴진다면 추출 시 커피의 성분을 제대로 녹여내지 못했을 가능성이 높다. 맛의 강도가 약하며, 기분 나쁜 쓴맛과 의도하지 않은 신맛이 느껴질 수 있다. 커피가 굵게 분쇄되어 물이 빨리 통과해버린 경우에 많이 발생한다. 이런 경우, 커피 굵기를 가늘게 변경함으로써 바로잡을 수 있다. 연속적인 커피 추출 도중에 이렇게 미추출 되는 현상이 생긴다면 포터필터 안에 커피가 덜 담긴 경우일 수 있다.

커피 원두의 색보다 진하다

크레마가 원두의 색보다 진하게 나오거나, 크레마가 제대로 형성되지 않고 기름의 형태를 띠는 경우이다. 대체로 커피를 과도하게 담았거나, 커피가 너무 가늘어서 커피가 과추

원두의 색과 비슷하다

원두의 색보다 연하다

원두의 색보다 진하다

출된 경우에 발생한다. 쓴맛이 강하면서도 전체적으로 특징적인 맛이 없는(전문용어로
'플랫flat'한) 커피가 되기 쉽다.

크레마의 양

크레마는 자세히 살펴보면 작은 거품들로 이루어져 있는데 그 안에는 앞서 말한 유기물
질들과 함께 커피에 있던 가스(CO_2)가 들어 있다. 따라서 크레마의 크기는 커피 내부의
가스의 양과 매우 관련이 깊다. 로스팅 이론에 따르면 로스팅 과정에서 커피에 자기 부피
의 2.2배에 해당하는 가스가 들어차는데, 갓 볶은 커피에는 이 가스가 남아 있다. 그러나
시간이 흐르면 조직에 생긴 구멍과 균열을 통해서 이 가스가 차츰 배출된다. 따라서 갓 볶
은 커피일수록 가스의 양이 많기 때문에 거품의 크기는 커지고, 로스팅한 지 오래된 커피
는 거품의 크기가 작아진다. 그래프로 표현하면 반비례로 나타난다. 처음의 가스가 절반
으로 줄어드는 데 걸리는 시간은 보통은 일주일이고, 그 절반이 되기까지는 2주, 다시 절
반이 되려면 4주가 걸린다. 예를 들어 커피를 추출할 때 30ml 정량을 추출하면, 갓 볶은
신선한 커피의 경우 크레마가 20ml, 물이 10ml이다. 일주일 지난 커피를 추출하면 크레
마가 10ml, 나머지 20ml는 물인 셈이다. 커피가 로스팅한 지 오래되면 크레마는 거의 없
어진다. 그러므로 크레마의 양은 커피의 신선도를 알아보는 데 매우 중요한 요소가 된다.

가스량

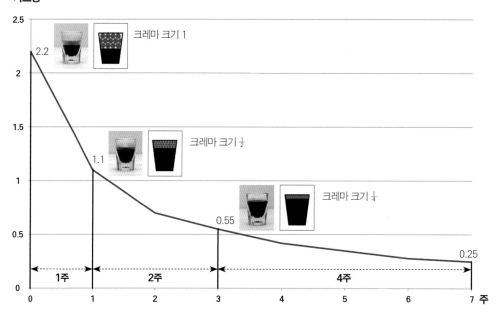

크레마 크기 1

크레마 크기 ½

크레마 크기 ¼

그러면 크레마가 많은 커피가 무조건 좋은 것일까? 크레마는 원두 내부의 CO_2, 지방, 단백질로 이루어져 있으며, 이 거품 자체를 싸고 있는 기름은 물에 잘 녹지 않는 유기물질인 향을 함유하고 있다. 반면 크레마 아래의 추출액은 커피의 수용성 성분이 우러난 것으로 혀에서 맛으로 느낄 수 있는 물질들이 녹아 있다. 한마디로 크레마는 지용성의 향 물질이고, 추출액은 수용성의 맛 물질이다. 크레마에는 향이 담겨 있고, 물에는 맛이 담겨 있다. 그러니 그 물이 늘어날수록 맛이 풍부해진다.

조금 더 깊게 생각해본다면 크레마의 양이 많을수록 신선한 커피인 것은 맞지만, 가스가 많으니 맛의 질감은 거칠어진다. 제대로 추출이 잘 안 될뿐더러 떫은맛이 날 가능성 높다. 신선하다고 무조건 좋은 커피를 얻을 수는 없다는 이야기다.

커피를 로스팅해서 납품하고 나서 고객들에게서 커피 맛이 이전과 다르다는 불만 섞인 항의가 올 때가 있다. 주로 커피를 많이 안 쓰는 곳인데, 주문 후 3~4주가 지나서 다시 주문한 경우가 대부분이다. 가스가 충분히 빠져 추출이 안정되어 있고, 크레마가 3~5mm 정도를 유지하며, 맛을 내는 추출액의 비중이 충분한 상태에서 계속 마시다가, 새로 주문한 커피를 바로 쓰게 되면 크레마는 과도하게 많고 추출액은 아주 적어지니, 맛도 제대로 안 나고 심지어 떫은맛까지 나므로 커피가 달라졌다고 생각하는 것이다.

에스프레소 커피는 초기 일주일에서 열흘 동안은 맛이 하루하루 달라진다. 맛이 풍부하지 않은 상태인데 일정하지도 않은 것이다. 그래서 에스프레소 커피는 최소한 일주일이 지난 후에 맛의 변화폭이 줄어들 때 사용하는 것이 좋다. 또한 사용을 시작한 후 길어도 2주 이내 소비를 마쳐서, 전체 한 달 이내 소비가 되도록 해야 한다. 다 쓰기 일주일 또는 열흘 전에 주문하면 이런 사이클이 계속 이어질 수 있다.

결론적으로, 에스프레소 커피에서는 무조건 신선한 커피를 고집하는 것보다는 맛을 풍부하게 하고 안정화시키기 위해서 최소한의 에이징aging 시간을 가지는 것이 좋으며, 이상적인 커피의 추출은 크레마의 두께가 3~5mm를 넘지 않는 상태가 좋다.

크레마의 모양

크레마는 이탈리아어로 크림이란 뜻이다. 커피에 특별한 이상이 없고 가이드라인에 맞추어서 잘 추출했다면, 크림처럼 아주 곱고 부드러운 형태를 띠는 것이 정상이다. 하지만 중간 중간에 큰거품이 섞여 있다면, 커피의 에이징 시간이 충분하지 않았거나 추출 시 바스켓에 커피가 고르게 담기지 않아서 채널링이 생긴 것을 의심해볼 수 있다. 이런 경우 추출 준비과정을 하나씩 점검하면서 추출해보면 쉽게 고칠 수 있다.

후각

로스팅은 한마디로 씨앗을 굽는 과정이다. 구울 때 나오는 토스트향, 캐러멜향, 초콜릿향은 좋은 향이다. 조금 약하게 구우면 생두향 또는 꽃향이나 과실향이 난다. 커피의 유기산은 산성 성분인데 이런 성분은 꽃이나 과일에도 들어 있기 때문이다.

반면 생두가 오래되었거나 품질이 나쁠 경우 건초나 풀 향이 난다. 이런 향은 커피를 추출하면서 없앨 수 없다. 더 심한 것은 커피 생두에 곰팡이가 슬었을 때 나는 먼지 냄새 또는 누룩 냄새다. 원두 속이 썩은 것이라면 로스팅한 과정에서도 모를 수 있다. 이런 경우는 생두에 문제가 있다고 판정한다. 또한 쭉정이땅콩, 젖은 수건 냄새가 나면 이 또한 생두의 문제이므로 생두를 교체해야 한다.

미각

맛으로는 쓴맛과 신맛의 조화, 그리고 강도를 평가하게 된다. 실제로 커피를 추출한 뒤 티스푼으로 크레마만 떠서 맛본다면 매우 쓰고 텁텁한 맛만 날 것이다. 하지만 이 쓴맛을 참고 코로 숨을 내쉬어본다면 커피의 향이 은은하게 머리를 감싸는 좋은 경험을 하게 될 것이다. 즉 크레마는 향을 담당하고 있으며, 향을 내는 물질은 매우 쓴맛을 낸다는 것을 알 수 있다.

이제 크레마를 티스푼으로 완전히 걷어내고 추출액만 떠먹어보면 좀더 마시기 편하고 단맛 신맛 등 다양한 맛을 느낄 수 있다. 하지만 크레마처럼 강한 향을 느낄 수는 없다. 에스프레소 커피를 제대로 즐기기 위해서는 이 향 물질 크레마와 맛 물질 추출액이 잘 섞인 상태로 마셔야 한다.

쓴맛

커피는 쓴맛을 찾아 마시는 것임은 두말할 나위가 없다. 쓴맛 중에서도 기분 좋은 쓴맛, 즉 은단이나 박하처럼 미세한 작열감이 나야 한다. 입 천장에서 나는 쓴맛이 바로 좋은 쓴맛이다. 상업적으로도 이 쓴맛이 중요한데, 단맛은 칼로리에 대한 죄책감을 주지만 쓴맛은 기분전환을 돕는 역할을 하기 때문이다.

신맛

신맛은 한국인들이 그닥 선호하는 맛이 아니지만, 커피에 신맛이 없으면 우유가 들어갔을 때 바디감이 떨어지게 된다. 신맛이 강할수록, 즉 산도가 강할수록 우유가 엉겨붙어 끈

적한 느낌, 입에 붙는 느낌이 든다. 신맛이 없으면 커피가 묽어지므로, 과도하지 않은 신맛이 어느 정도 있어야 한다. 비단 우유가 아니더라도 커피에서 신맛은 매우 중요하다. 신맛은 입안의 감각기관을 활성화해서 침을 분비하게 한다. 이 과정을 통해서 자신의 침에 의한 맛인 감칠맛과 은은한 단맛이 나게 된다. 즉 신맛이 커피를 깊고 풍부한 맛으로 인지하는 데 도움이 되는 것이다.

단맛

커피에도 당분이 미세하게 들어 있긴 하지만 미각으로 느껴질 수준은 아니다. 매우 다양한 향물질들에 의해 단맛의 느낌이 난다. 물론 단맛은 기분이 좋아지게 하는 요소이다.

실제 활용 테스트

한국에서는 에스프레소보다는 에스프레소를 활용한 음료를 많이 소비하고 있기 때문에 커피의 메뉴 개발이라든가 품질의 개선을 위한 준비에서 에스프레소만 맛보는 것은 별로 큰 도움이 되지 않는다는 것을 알아둘 필요가 있다. 즉 실제로 판매될 제품의 형태로 완전하게 만들어서 손님의 입장에서 시음을 해보는 것이 좋다. 컵에 담긴 모습, 입술이 닿는 느낌 그리고 마시고 나서 입안과 콧속에 남아 있는 느낌 모두를 확인해봐야 한다.

에스프레소가 맛이 좋다면 당연히 모든 메뉴의 맛이 좋아야 하겠지만 모든 메뉴를 만족시키는 에스프레소를 만들기란 쉽지 않다. 예를 들자면 에스프레소가 마실 만하고 밸런스가 잘 잡힌 경우 아메리카노는 훌륭한데 우유나 시럽이 들어가는 베리에이션 메뉴에서 커피 맛이 잘 안 나기도 한다. 반면 베리에이션 메뉴에서 커피의 존재감을 확실히 드러내는 커피는 대부분 에스프레소나 아메리카노로 마시면 맛이 너무 강하다. 고객층과 판매 추이에 따라서 한쪽을 선택할 수도 있고, 그라인더를 2, 3개를 이용해 각 커피에 맞는 원두를 쓰는 방법도 있다.

간혹 카페에서 커핑(cupping, 커피 품질 평가 작업)을 해야 하는가 아닌가에 대해서 논쟁을 하곤 하는데, 결론적으로 말해서 불필요한 과정이다. 커피는 추출 조건이 조금만 변해도 맛이 변하는데, 손님이 마시는 방식이 아닌 커핑이라는 전혀 다른 방식으로 추출 테스트를 한 후 손님에게 커피의 향미를 안내하는 것은 무의미할뿐더러 잘못된 정보를 줄 수 있다. 따라서 카페에서는 반드시 제대로 추출을 하고 정확한 레시피로 커피를 만들어서 맛을 본 후 정보를 확인할 것을 추천한다.

2) 맛을 조정하는 방법

카페의 콘셉트에 맞는 커피를 찾아내기 위해서는 에스프레소를 단순히 평가하는 것만으로 끝낼 수는 없다. 추출을 통해서 목표하는 맛을 최대한 만들어나가는 것이 중요하다. 맛을 조정하는 데는 여러 가지 원칙이 있다. 커피 추출의 가이드라인에 보면 커피 양, 압력, 추출액의 온도, 커피 추출시간과 추출량이라는 요소들이 있는데, 나열된 모든 요소들을 아주 세밀하게 조정해나가면 이상적인 추출을 할 수 있다.

굵기로 조정하기

실제 현장에서는 바스켓의 교체 혹은 에스프레소머신의 분해를 통한 조정은 작업 시 바로바로 적용하기에는 어려움이 있다. 따라서 대부분 커피가루의 굵기와 추출시간의 조정만을 실행하게 된다.

　많은 이들이 커피가루의 굵기 조정만을 통해서 맛을 조정하는 게 가능한지 궁금해하는데 커피가루의 굵기를 조정한다는 것은 몇 가지의 변수가 같이 조정되는 과정이다. 커피가루의 굵기가 변화되면 커피가 물에 닿는 표면적, 그리고 물이 커피를 통과하는 시간의 변화가 동반되는 것이다. 이것을 단순화해서 그래프로 표현해보면 아래와 같다.

　커피가루의 굵기가 1이라 했을 때 추출시간이 30초라고 한다면, 커피가루의 굵기가 1/2이 되면 추출시간은 60초가 될 것이다. 그러면 커피가루의 굵기가 절반이 된다는 것은 맛이 단순히 2배 차이가 나는 것이 아니라 2가지 변수가 곱해진 4배가 차이 나게 되는 것

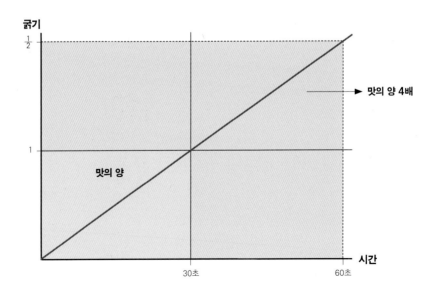

이다. 다시 말해 단순히 커피의 굵기만을 변화시키더라도 4배에 해당하는 맛의 드라마틱한 변화를 줄 수 있기 때문에 현장에서 손쉽게 활용할 수 있다.

굵기 조정 방법

실제 현장에서는 굵기를 육안이나 감각으로 확인하기 어렵기 때문에 대부분 시간을 기준으로 조정하게 된다. 시간은 초당 1ml의 추출을 기준으로 하며 30ml를 기준으로 삼는다면 30초의 추출이 가장 이상적이라 할 수 있다.

이상적인 추출시간: 1ml당 1초

신맛, 단맛, 쓴맛이 조화를 이루며, 커피의 농도가 충분히 진하기 때문에 마시고 난 후에도 향이 계속 입안에 남아 있게 된다.

빠른 추출: 1ml당 1초 미만

보통 30ml를 기준으로 25초 이하의 추출시간이라면, 커피의 향미가 약해지고 쓴맛이 약처럼 고통스럽게 느껴지기 쉽다. 이는 다른 풍미들이 부족해서 맛의 조화가 깨진 상태이기 때문이다. 또한 빠르게 추출될수록 기분 나쁜 신맛들이 도드라지게 되는데, 추출이 약하게 되어서 전체적인 맛 자체가 적어지면 신맛 또한 적게 나야 정상이지만, 쓴맛이 줄어들면서 쓴맛이 감추어주었던 신맛이 도드라지는 것이다. 만일 빠른 추출에서 맛이 나쁘지 않다면 문제가 되지 않지만, 신맛이 너무 강하거나, 쓴맛이 기분 좋게 나지 않고 자극성이 있다면 그라인더를 조정해 커피가루의 굵기를 가늘게 해주면서 이상적인 맛을 찾아낸다. 실무적으로는 보통 2초 정도의 추출시간 변화마다 맛의 변화가 크게 감지된다.

느린 추출: 1ml당 1초 초과

보통 30ml를 기준으로 35초 이상의 추출시간일 때를 말한다. 오래 추출되므로 쓴맛이 강해진다고 예상할 수도 있지만, 추출시간이 길어지면 목질계 잡미가 강해지면서 맛의 특징이 없어지는 경우가 대부분이다. 맛 자체가 없거나, 입안에 느껴지는 맛이 밋밋해진다는 것이다.

물론 더 오랫동안 추출을 한다면 쓴맛만 나는 단계가 오기는 하지만, 한 번의 추출에 40초 이상의 시간을 쓰게 되면 바쁜 현장에서는 쉽게 주문에 대응하기 어렵기 때문에 실무에서는 느린 추출을 통해 쓴맛을 강하게 내기는 조금 어려운 부분이 있다.

빠른 추출	이상적인 추출	느린 추출
신맛의 돌출	좋은 밸런스	밋밋한 맛(flat flavor)
기분 나쁜 쓴맛	복잡한 맛과 향	기분 나쁘게 강한 쓴맛

굵기 조정 시 주의할 점

커피가루의 굵기는 한번 맞추어놓으면 그대로 유지될 수 있을까? 커피가루의 굵기를 맞추는 이유는 커피가 물을 만나는 시간을 조정해서 맛을 유지하기 위함인데 이는 여러 가지 요소에 의해서 변화할 수 있다

그날의 습도에 따라

습한 날에는 일반적인 날보다는 좀더 굵게 해야 하며 건조한 날의 경우에는 좀더 곱게 해서 커피가 빠르게 추출되는 것을 방지해야 한다. 극단적인 예이지만, 아침에 안개가 끼고 오후에 쨍한 날에는 오전과 오후의 추출이 달라지기도 한다. 이는 로스팅된 커피가 매우 건조한 상태여서 주변의 공기에 포함된 습기에 예민하게 반응하기 때문이다. 따라서 안정적인 추출을 위해서는 보통 최소 2~3시간마다 한 번씩 추출시간을 체크해서 굵기를 조정한다.

로스팅 정도에 따라

한 가지의 커피만 쓰는 경우는 크게 문제가 없으나 두세 가지의 커피를 각각의 그라인더에 넣고 용도별로 쓰는 경우 커피마다 로스팅 정도가 다르다면, 그라인더에 표시된 굵기 조정 숫자만 보고 조절해서는 같은 강도의 추출을 하기가 매우 어렵다. 같은 굵기로 간다 하더라도 그라인더의 구조상 강한 로스팅일 경우 부스러지기 쉬운 상태이기 때문에 좀더 곱게 갈린 미분이 많아질 수 있고, 이에 따라 좀더 느린 추출이 되기 쉽다. 또한 약한 로스팅일 경우 딱딱하기 때문에 같은 굵기라 하더라도 미분의 양이 적어서 좀더 빠르게 추출이 되는 편이다. 따라서 그라인더에 표시된 숫자에 의존하지 말고 실제 추출을 해보고 결정해야 한다.

로스팅 시기에 따라

로스팅한 지 얼마 되지 않았다면 내부의 가스 때문에 크레마의 거품 크기가 크게 형성된다. 그러므로 이전과 같은 굵기로 갈았다 하더라도 추출 속도가 빨라진다. 한 잔을 맞추어 추출해도 30초 정도 기다리면 거품이 안정화되면서 평상시 커피의 양이 절반도 안 되는 경우가 흔하다. 따라서 신선한 커피를 다룰 때는 대부분 곱게 갈아 추출시간을 맞추는 경향이 있는데 이런 경우 대부분 과추출이 되기 때문에 이전의 맛과 달라지기 쉽다. 이전에 크레마를 포함한 양이 30ml/30초였다면, 추출 시에 약 40~45ml/30초에 맞추어서 크레마가 안정된 후 30ml가 되는 지점까지 추출해야 한다.

추출량으로 조정하기

커피 추출은 추출이 진행될수록 맛이 변하고 각 추출 단계마다 다른 맛이 난다. 커피는 이런 다양한 맛이 모여서 이루어지는 것이다. 커피는 추출 초기 약 20%의 추출물에 80%의 향미가 녹아 있다.

다시 말해, 커피의 맛과 향을 형성하는 생두의 성분이나 로스팅 과정 중에 형성된 커피의 맛 성분은 최적화된 추출 조건을 만나면서 짧은 시간에 아주 효율적으로 추출되고, 초기에 거의 대부분의 성분이 녹아나온다는 이야기다.

이러한 성분이 충분히 녹아나온 다음에는 커피 세포를 구성하는 목질 부분이 물에 불어 이 목질로부터 맛이 우러나온다. 여기에서 나오는 맛들은 향과 맛은 거의 없지만 쓴맛과 커피가 입에 닿았을 때의 인상과 입안에 남는 느낌, 즉 바디감을 결정짓는다. 때문에 어떤 단계에서 추출을 멈추느냐에 따라 커피 맛이 많이 달라진다.

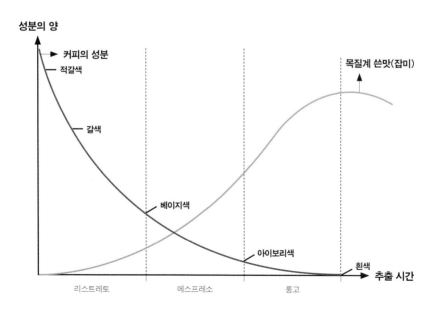

에스프레소를 추출하면서 단계별로 맛을 보아 추출 시간이 지나감에 따라서 맛이 변하는 것을 확인해보는 훈련.

20ml보다 적게 추출했을 때

초기 추출액은 진한 적갈색을 띤다. 굉장히 강한 자극과 향이 있으며 혀가 얼얼할 정도로 강한 느낌을 준다. 그렇지만 입안에 남는 느낌은 진한 농도로 인한 찌르는 듯한 자극 말고는 별달리 느껴지는 것이 없다.

20ml 내외로 추출했을 때

커피의 추출액이 진한 적갈색에서 베이지색으로 변해간다. 커피의 맛은 자극은 없어지고 향과 맛 그리고 바디감이 균형을 이루게 된다. 색의 변화는 커피의 향과 맛을 내는 성분들이 많이 빠져나와서 추출이 약해지기 시작했다는 신호이다. 이때 추출을 멈춘 것이

리스트레토이다. 추출 후반부에 바디감을 내는 요소가 우러나오기 전에 맛과 향을 내는 성분들만 추출해 강하게 즐기기 위한 커피이다.

25~30ml로 추출했을 때

커피 추출액의 색은 베이지색에서 좀더 아이보리색에 가까운 흰색을 띠게 된다. 이때 추출을 멈추면 크레마 위에 약하게 하얀색의 점을 남긴다. 이 점들은 커피에서 향과 맛을 내는 성분들이 거의 완전히 추출되었다는 신

호이다. 이후부터는 바디감을 내는 목질계 성분들이 추출되기 시작한다. 입안에서는 느껴지는 커피의 맛은 아주 많이 옅어져 있고, 마시고 난 후 혀와 입안에 좀더 자극이 남고 무게감을 느낄 수 있다. 25~30ml까지 커피의 색이 베이지색을 띠는 순간에 추출을 멈춘다. 이것이 일반적인 에스프레소(에스프레소 싱글 또는 에스프레소 레귤러)이다. 에스프레소는 추출량으로 결정되는 것이 아니라 추출의 변화로 결정된다. 추출 중에 특별한 장치가 없다면 농도 측정을 할 수 없기 때문에 추출액의 색 변화로 판단한다.

30ml 이상 추출했을 때

커피 추출액은 거의 흰색을 띠고 있다. 커피의 맛과 향은 거의 느낄 수 없고 좀더 쓴맛과 무게감이 느껴지지만 농도는 매우 묽다. 이제부터의 추출은 커피의 향과 맛에 영향을 거의 주지 않으며, 커피의 쓴맛과 바디감을 더해준다. 에스프레소 싱글보다 약 1.5배에서 2배 정도의 양을 추출한 이 상태가 룽고이다.

3) 아메리카노 실험

앞서 살펴본 리스트레토, 에스프레소, 룽고는 각각의 역할이 다르다. 각 커피의 성격을 잘 알아두고 활용하면 여러 대의 그라인더를 사용하지 않더라도, 아주 다양한 표정을 가진 커피를 만들어낼 수 있다.

　실제 카페에서 아메리카노를 만들 때 적용해볼 수 있는 실험을 해보자.

실험 1: 핫 아메리카노

세 개의 머그잔에 65~70℃의 뜨거운 물 250ml를 동일하게 준비하고 각각 다르게 추출된 커피를 넣고 맛을 본다.

리스트레토 + 물

실제 물을 섞지 않고 맛보았을 때는 가장 강렬하고 진하지만 물을 섞어보면 커피의 맛과 향만 조금 날 뿐 아주 밍밍한 느낌이 난다.

에스프레소 + 물

비로소 커피의 맛과 향 그리고 바디감이 느껴지게 된다. 리스트레토와 커피 성분의 양은 거의 같은 데도 불구하고 커피의 느낌은 훨씬 강해진다. 이는 목질계에서 나오는 바디감 때문이다.

룽고 + 물

물을 섞지 않고 마셨을 때는 가장 연한 커피지만, 물을 섞어 주었을 때는 에스프레소를 넣어 주었을 때보다 훨씬 강한 느낌이 나고, 세 가지 커피 중 가장 쓴맛도 많이 난다. 목질계의 쓴맛이 강해졌기 때문이다.

손님이 와서 커피를 진하게 해달라고 하는 경우가 있다. 이는 좀더 쓴맛을 요구하는 경우가 대부분인데, 많은 카페에서 "우리 커피는 진하다. 그래서 우리 커피는 쓰다."라고 주장해오면서 손님들 역시 커피는 쓴 것이 진한 것이라는 개념이 생겼기 때문이다. 그래서 카페에서는 에스프레소 더블 샷을 넣은 커피를 내어주는 것이 보통이다. 커피의 향미가 2배가 되었기 때문에 커피가 진하다고 느낄 것이라 생각하는 것이다. 하지만 정작 손님은 커피가 신맛만 많이 나고, 심지어는 약맛 같은데 연하다고 느끼기도 한다. 커피의 쓴맛을 내는 목질계의 맛이 여전히 적어서 그런 것이다. 이런 경우는 에스프레소 더블 샷보다 룽고를 넣어주면 해결된다.

반대로 손님이 커피를 연하게 달라고 하면 에스프레소를 반 샷이나 2/3만 넣어주는 경우가 있는데 손님에게는 '연하게 = 쓰지 않게'라는 등식이 있다는 걸 염두에 두고, 에스프레소보다 리스트레토 샷을 넣어주면 된다. 커피의 향미는 살아 있으면서도 쓴맛이 나지 않게 될 것이다.

실험 2: 아이스 아메리카노

아이스컵(16온스)에 얼음을 가득 채우고 차가운 물을 넣으면 약 200ml 정도의 물이 들어간다. 여기에 에스프레소 싱글 샷을 넣고 잘 섞어준 후 맛을 본다. 따뜻한 아메리카노보다 실제로 비율상 커피가 더 진함에도 아무 맛도 느껴지지 않을 것이다. 물의 온도가 너무 차갑기 때문에 혀의 감각이 떨어져서 맛의 강도를 느끼지 못하는 것이다. 이런 경우 에스프레소 싱글 샷을 추가로 넣어주면 비로소 커피의 맛을 느낄 수 있게 된다.

그런데 이렇게 더블 샷을 넣어줄 때의 문제는 의도하지 않은 신맛이 강하게 날 가능성이 높아진다는 것이다. 커피 성분의 양이 많아졌기 때문인데, 신맛을 높이지 않고 맛의 강도를 강하게 하려면 룽고를 넣어준다.

| 중량 비율 측정 방식 |

측정컵을 기준으로 해서 25~30ml를 측정하는 교과서적인 커피의 추출은 신선한 커피를 로스팅해서 공급하는 로스터리가 대중화되기 전에 쓰던 방식으로, 커피가 일정한 유통 시간이 지나 추출이 안정적인 양상을 보일 때 적용했다. 그러나 현대의 커피 산업은 소량 주문 로스팅이나 소규모 로스터리의 발달로 상대적으로 매우 신선한 커피가 공급되는 추세로 변하고 있기 때문에 저울을 사용하여 커피를 측정하는 중량 비율 측정 방식을 많이 사용한다.

이는 커피잔 밑에 저울을 두고 추출되는 커피의 실시간 중량을 확인해서 추출이 정확하게 이루어지고 있는지를 확인하는 방식이다. 심지어 하이엔드 에스프레소커피머신에는 저울이 장착되어 나오기도 한다.

이러한 방식은 크레마라는 허수(부피)에 추출이 영향을 받지 않기 때문에 좀더 정확한 추출을 가능케 한다는 장점이 있다. 즉 볶은 지 얼마 안 되는 커피나 볶은 후 일정한 시간이 지난 커피를 추출할 때 부피 비율로 추출을 하게 되면 같은 커피가루 굵기로 세팅했어도 크레마의 비율 때문에 추출 시간이 차이가 나게 되는데, 무게 측정 방식을 사용하면 중량 대 시간으로 세팅하기 때문에 크레마의 양에 따른 추출의 오류를 줄이기 쉽다.

과거에는 추출은 커피와 추출액의 비율을 1:3.5~4 정도로 유지하는 게 정석이었다. 즉 7g에 25ml에서 30ml까지 추출을 했다. 현대에 와서는 로스팅 강도의 약화와 개성의 표현이 중요해지는 추세에 따라 1:2.5~3의 비율을 정상적인 추출로 보고 있다. 즉 9g당 추출수는 25ml를 넘지 않을 것을 추천한다. 기본 바스켓에 18g이 담긴 상태에서 2잔의 에스프레소(50g)가 30초 정도 나오는 것을 의미한다.

이러한 정상 추출 범위를 넘어서 극단적으로 1:2 내외의 추출을 하는 카페도 많다. 21g 트리플 바스켓을 사용해서 20g의 에스프레소 2잔을 추출하기도 하며, 이러한 추출을 통해 다른 곳에서는 맛볼 수 없는 풍부한 커피맛을 표현해내기도 한다. 이러한 변주가 가능하다는 것을 염두에 두고 각자 자신의 카페에 맞는 추출을 고안해내는 것도 필요하다.

5.

커피 메뉴

카페의 메뉴는 유행에 민감할 수밖에 없기 때문에 기본적인 메뉴를 제외한 메뉴들은 그때그때 소비자의 선호와 취향에 맞게 준비해야 한다. 이 책에서 다루는 메뉴는 아주 기본적이며 보편적인 레시피를 기준으로 한다. 잘 팔리고 맛있는 메뉴를 만들기 위해서는 기본 레시피를 바탕으로 자신만의 노하우를 접목시켜서 좀더 정교하게 가다듬어야 한다.

이전에는 카페에서 비 커피 음료를 다양하게 구비하는 것이 중요하게 여겨졌고, 요즘보다 경쟁이 치열하지도 않았으니 메뉴를 만들 때 기성품 시럽이나 파우더를 이용해서 좀더 쉽게 메뉴를 할 수 있었다.

하지만 최근에 커피는 더욱 친숙한 기호 식품이 되었으며, 소비자들의 취향도 고급스러워지면서 커피 자체를 중심으로 하는 메뉴가 좀더 각광을 받고 있다. 그중에서도 에스프레소를 바탕으로 베리에이션을 만들어 진한 맛을 내는 메뉴들이 많이 등장하고 있다. 또한 비 커피 음료도 시럽이나 파우더를 쓰기보다는 원재료를 가공해 천연의 느낌을 살린 메뉴들이 등장했다. 이전보다 시간이 많이 들고 만들기도 어려워졌지만 다르게 보면 차별성을 확보하기 쉬워진 시대가 되었다.

또 한편으로는, 큰 사이즈의 음료와 화려하게 꾸민 음료를 선호하는 흐름도 있다. 이는 주로 프랜차이즈 카페를 중심으로 개발되고 있는 스타일이다. 소비자에게 '가성비' 이득을 주는 것을 목표로 하다보니, 여전히 대체로 시럽이나 파우더를 활용해서 만든다. 이러한 스타일의 음료 또한 상권에 따라서 필요하다면 고려해볼 만하다.

커피 메뉴의 얼개는 매우 간단하다. 기본적으로 에스프레소에 물을 넣으면 아메리카노, 얼음을 넣으면 아이스 아메리카노가 된다. 물 대신 우유를 넣으면 카페라테, 여기에 얼음을 넣으면 아이스 카페라테, 시럽까지 추가하면 캐러멜라테, 카페모카가 된다.

명칭	재료1	분량	재료2	분량	재료3	분량	재료4	분량	용기
에스프레소		30ml							드미타스
리스트레토		25ml							드미타스
룽고		50ml							드미타스
아메리카노	에스프레소	싱글			물	270ml			머그
아이스 아메리카노	에스프레소	더블			물	200ml	얼음	12개	아이스컵
카페라테	에스프레소	싱글			우유	250ml			머그
아이스 카페라테	에스프레소	더블			우유	200ml	얼음	12개	아이스컵
캐러멜라테	에스프레소	더블	캐러멜시럽	16ml	우유	250ml			머그
아이스 캐러멜라테	에스프레소	더블	캐러멜시럽	16ml	우유	200ml	얼음	12개	아이스컵
카페모카	에스프레소	더블	초코시럽	16ml	우유	250ml			머그
아이스 카페모카	에스프레소	더블	초코시럽	16ml	우유	200ml	얼음	12개	아이스컵

단순한 얼개이므로 외우는 것을 걱정할 필요는 없다. 대신 손님의 기호에 맞는 좋은 재료를 선별해내고, 그들에게 맞는 당도를 찾는 것에 집중하고 연구해야 한다.

ESPRESSO DOPPIO 1 - 에스프레소

용기 에스프레소잔
재료 에스프레소 더블 샷(30ml × 2)
잔 데우기 → 추출 → 트레이 세팅

1 커피의 양이 적기 때문에 빨리 식을 수 있으므로 에스프레소잔이 뜨거운지 확인한다.

2 트레이에 잔받침과 티스푼, 물 한 잔, 봉지 설탕 한 개를 세팅한 다음 추출하고 바로 서빙한다.

◆ 요즘 기계는 싱글 샷이 13g, 더블 샷이 17g이기 때문에 원가상의 차이가 없는데, 더블 샷을 쓰는 것이 추출 시 훨씬 안정적이며 맛도 좋다.

◆ 마시기 전에 입안을 정리하기 위해 냉수를 제공한다. 경우에 따라 레몬수나 탄산수를 제공하기도 한다.

◆ 테이크아웃도 크기에 맞는 잔을 구비해야 하지만, 한국에서는 에스프레소 판매가 미미하기 때문에 전용 잔을 찾기가 쉽지 않다. 6온스 자판기용 종이컵보다 조금 더 큰 8온스 내외의 잔이 더 보기에 좋다. 테이크아웃 시에는 설탕과 스터러(젓는 막대)를 함께 제공한다.

◆ 가격을 절대 싸게 하지 말라. 비싸거나 최소한 아메리카노와 같게 해야 오해가 없다. 빈 잔과 뜨거운 물을 더 달라고 하는 손님도 있다.

AMERICANO 2 - 아메리카노

용기 350ml 머그
재료 에스프레소 싱글 샷(30ml), 뜨거운 물 270ml

얼음 → 뜨거운 물 → 에스프레소

1 머그잔에 얼음 2개를 넣는다.

2 온수기에서 뜨거운 물 270ml(잔의 70%)를 넣는다.

3 온도를 재보고 70℃가 넘으면 얼음을 한 개 더 넣고, 낮으면 얼음을 바로 뺀다.

4 에스프레소를 받아서 위에 부어준다.

◆ 얼음의 갯수는 얼음의 크기와 준비시간을 고려해 결정한다.

◆ 용기는 350ml 머그이지만 300ml 이하를 채운다.

◆ 더블 샷의 경우 물을 적게 잡는다.

◆ 커피를 먼저 붓든 물을 먼저 담든 근본적으로는 차이가 없다. 단 커피의 추출 온도가 60~70℃인 반면, 온수기의 물 온도는 70℃가 넘는다. 추출된 커피보다 더 뜨거운 물을 붓는 시간이 더 길기 때문에 커피를 먼저 붓고 물을 받으면 커피가 가열되어 좀더 쓴맛이 나기도 한다. 반대로 뜨거운 물을 먼저 받고 커피를 부으면 커피가 가열되는 시간이 짧아 쓴맛이 덜하다.

◆ 온수의 온도를 낮추면 차 종류의 메뉴를 만들어야 할 때 대응할 수 없기 때문에 적합하지 않으므로 얼음으로 온도를 맞춘다.

◆ 테이크아웃일 경우, 받자마자 마시기 때문에 65~67℃로 맞춰야 한다. 인하우스 진동벨 사용 시 72~73℃일 때 작업을 한다. 서빙하는 동안 식는 것을 염두에 두어야 한다.

◆ 더블 샷을 뽑아 싱글 샷만 쓰면 남는 샷은 맛을 체크하는 데 쓰거나, 얼음으로 얼려서 커피큐브나 젤리 만드는 데 쓰면 메뉴를 확장할 수 있으며 이런 메뉴들이 수익률도 좋다.

ICED AMERICANO 3 - 아이스 아메리카노

용기 아이스컵
재료 에스프레소 더블 샷(30ml X 2), 냉각된 정수 200ml, 얼음 1스쿱
얼음 + 냉각된 정수 → 에스프레소

1 잔에 얼음을 80%(1인치 큐브 약 12개) 채우고 냉장고에 보관된 냉각된 정수를 컵의 80%까지 채운다. 그래야 얼음이 바로 녹지 않고 모양도 좋다.

2 추출된 커피 더블 샷을 위에 부어준다.

◆ 용기가 다양하기 때문에 대체로 14온스(420ml)를 기준으로 한다.

◆ 잔 안의 온도가 4℃ 이하여야 한다.

◆ 싱글 샷으로는 맛을 못 느낄 수 있다. 차가우면 감각이 무뎌져 웬만큼 쓰지 않으면 느낌이 없다.

◆ 아이스 아메리카노에서 중요한 것은 쓴맛의 강도이며, 향과 맛은 상대적으로 약하게 느낀다.

◆ 아이스 아메리카노를 만들 때는 커피를 먼저 붓고 얼음을 넣게 되면 얼음에 수막현상이 일어나 온도중화로 천천히 식어버린다(서랭현상). 그래서 카페인 같은 고형물이 결정화가 이루어져 색이 탁해진다(백탁현상). 급속냉각을 해야 투명도가 살아나며 맛도 텁텁하지 않다. 그러므로 반드시 얼음과 냉수를 먼저 채우고 그 위에 커피를 부어주는 방식으로 하자.

CAPUCCINO 4 - 카푸치노

용기 큰 카푸치노잔
재료 에스프레소 더블 샷(30ml X 2), 찬 우유 250ml, 초코파우더

에스프레소 → 우유 스팀 → 우유 채우기 → 거품 얹기

1 큰 카푸치노잔에 에스프레소 더블 샷을 직접 받는다.

2 추출하는 동안 스팀피처에 담긴 우유 250ml를 약 1.7배로 거품을 낸다. (스팀 내는 법은 참조)

3 스팀피처 주둥이에 숟가락을 대고 거품이 들어가지 않도록 해서 잔의 70%를 데운 우유로 채운다.

4 남은 거품이 잘 섞이도록 위아래로 저어준 뒤 우유 거품을 떠서 커피 위에 조심스럽게, 잔 위로 약 5mm 정도 거품이 올라올 때까지 얹는다. 기호에 따라 초코파우더를 위에 뿌린다.

◆ 큰 카푸치노잔은 13온스 정도로 390ml이다.
◆ 거품을 숟가락을 떠주는 것은 업장에서 모든 직원들이 동일하게 할 수 있기 때문이며, 또한 숟가락의 금속이 닿으면 큰 거품이 죽어서 거품이 단단해지고 오래가기 때문이다.
◆ 우유와 거품을 동시에 붓는 방식으로 만드는 게 어렵지만 모양이 예쁘다. 다만 숙련도를 요하기 때문에 비숙련 직원이 있는 카페에서는 적합하지 않다.
◆ 거품은 흔들려도 넘치지 않기 때문에 잔보다 높게 거품을 올려도 된다.

ICED CAPUCCINO 5 - 아이스 카푸치노

용기 아이스컵
재료 에스프레소 더블 샷(30ml X 2), 얼음 1스쿱, 찬 우유 200ml,
초코파우더

얼음 → 우유 거품 → 담기 → 에스프레소 → 거품 얹기

1 아이스컵에 얼음을 80% 채운다.
2 우유를 거품기에서 넣고 20회 펌핑한다.
3 거품 낸 우유를 아이스컵에 붓는다. 거품이 위로 뜨고 우유가 가
   라앉는다.
4 에스프레소를 받아서 위에 조심스럽게 붓는다.
5 남은 거품을 위에 얹어서 커피를 부은 자리를 없앤다. 기호에 따
   라 초코파우더를 위에 뿌린다.

◆ 에스프레소를 먼저 부으면 층이 생기지 않아 보기에 안 좋다.

CAFFE LATTE 6 - 카페라테

용기 350ml 머그
재료 에스프레소 더블 샷(30ml X 2), 찬 우유 250ml

에스프레소 → 우유 스팀 → 거품 + 우유 붓기 → 모양 내기

1 머그잔에 에스프레소 더블 샷을 직접 받는다.

2 추출하는 동안 스팀피처에 담긴 250ml 우유를 약 1.4배로 거품을 낸다.

3 잔 높이에서 5mm 정도 낮은 지점까지 거품과 우유를 같이 붓는다. 거의 다 따랐을 때쯤 우유를 붓는 방향을 달리하여 모양을 낸다.

◆ 업장에서는 라테는 머그잔, 카푸치노는 넓적한 전통적인 카푸치노잔으로 구분하기도 한다.

◆ 이탈리아에서는 라테마키아토라는 이름으로 잔받침과 함께 손잡이 없는 유리컵에 내주기도 한다.

◆ 라테아트의 기본은 속도다. 너무 천천히 하다보면 우유와 거품이 분리되어 모양이 잘 나오지 않는다.

◆ 우유를 다 담은 다음 기구를 이용하여 모양을 내다보면(에칭) 손님에게 내는 시간이 늦어질 수 있다.

Tip
카푸치노와 카페라테와의 차이는?
카푸치노는 카푸친수도회의 모자 모양을 닮아서 붙여진 이름이다. 커피와 우유와 거품이 조화된 커피를 일컫는다. 카페라테는 프랑스에서는 '카페 오 레'라고 불리는데, 데운 우유에 커피를 넣은 것이다. 원래는 거품의 유무로 구분했지만 현대 커피에서는 그 구분이 모호해졌다. 왜냐하면 우유를 데울 때 가장 빠른 방법이 스팀이라서 거품이 없이 데울 수가 없게 되었기 때문이다. 그래서 현대에서는 거품의 양으로 구분하지만 기준이 상대적이라 판매자가 결정하면 된다. 마지막으로 장식하는 계핏가루는 기호식품이므로 계핏가루 유무가 기준이 될 수 없다. 서양에서는 초코파우더나 너트메그를 뿌린다.

카페 실무 매뉴얼

ICED CAFFE LATTE 7 - 아이스 카페라테

용기 아이스컵

재료 에스프레소 더블 샷(30ml X 2), 얼음 1스쿱, 찬 우유 200ml

얼음 → 우유 붓기 → 에스프레소 붓기

1 아이스컵에 얼음을 80% 채운다.

2 컵에 우유를 붓는다.

3 추출된 커피를 스푼을 대고 조심스럽게 부어서 레이어링한다.

◆ 스푼이 낙차를 줄여 밑에는 우유, 위에는 커피로 레이어링이 되게 한다.

◆ 아이스 카페라테는 거품을 내지 않아도 된다.

CARAMEL LATTE 8 - 캐러멜라테

용기 350ml 머그
재료 에스프레소 더블 샷(30ml X 2), 찬 우유 250ml, 캐러멜시럽 2펌프, 캐러멜소스

시럽 + 에스프레소 → 우유 스팀 → 거품+우유 붓기 → 드리즐

1 머그잔에 시럽을 먼저 넣고, 에스프레소 더블 샷을 직접 받는다.
2 추출하는 동안 스팀피처에 담긴 250ml 우유를 약 1.4배로 거품을 낸다.
3 잔 높이에서 5mm 정도 낮은 지점까지 거품과 우유를 같이 붓는다.
4 그 위에 캐러멜소스를 교차로 4회씩 드리즐한다. 캐러멜소스가 입술에 제일 먼저 닿게 한다.

◆ 캐러멜라테는 흔히 캐러멜 마키아토라고 표기하는데, 캐러멜 마키아토는 스타벅스의 상표명으로 등록된 이름이기 때문에 원칙상 사용할 수 없다.
◆ 캐러멜시럽 1펌프는 8ml이다.
◆ 캐러멜시럽은 물처럼 묽어서 드리즐할 때는 캐러멜소스를 사용한다.
◆ 캐러멜 맛을 내기 위해 시럽을 쓸 것인지, 소스를 쓸 것인지는 지역에서 선호하는 당도에 맞게 결정한다.

ICED CARAMEL LATTE 9 - 아이스 캐러멜라테

용기 아이스컵

재료 에스프레소 더블 샷(30ml✕2), 얼음 1스쿱, 찬 우유 200ml, 캐러멜시럽 2펌프, 캐러멜소스 15g

시럽+소스 → 에스프레소 → 얼음 → 우유 붓기
→ 휘핑크림 또는 드리즐

1 아이스컵에 준비된 시럽과 소스 모두 넣는다.

2 에스프레소 더블 샷을 추출해서 넣은 다음 잘 섞는다.

3 얼음을 채운다.

4 스푼을 대고 우유를 조심스럽게 붓는다.

5 손님이 원하면, 휘핑된 크림을 올리고 캐러멜소스를 드리즐한다.

◆ 뜨거운 캐러멜라테보다 캐러멜이 더 많이 들어가는 것은 차가울 때 당도를 잘 느끼지 못하기 때문이다.

◆ 차가운 음료이기 때문에 시럽과 소스를 미리 담고 에스프레소를 부어 녹여주어야 한다.

◆ 커피가 가라앉고 우유가 위에 뜨도록 레이어링한다.

CAFFE MOCHA 10 - 카페모카

용기 350ml 머그
재료 에스프레소 더블 샷(30ml × 2), 찬 우유 250ml, 초코시럽 2펌프,
초코소스

시럽 + 에스프레소 → 우유 스팀 → 거품 + 우유 붓기
→ 드리즐

1 머그잔에 시럽을 먼저 넣고, 에스프레소 더블 샷을 직접 받는다.
2 추출하는 동안 스팀피처에 담긴 250ml 우유를 약 1.4배로 거품
을 낸다.
3 잔 높이에서 5mm 정도 낮은 지점까지 거품과 우유를 같이 붓
는다.
4 그 위에 초코소스를 교차로 4회씩 드리즐한다. 초코소스가 입술
에 제일 먼저 닿게 한다.

◆ 초코아트로 모양을 내는데, 두세 가지 정도로 알아두면 좋다.

Tip
모카는 무슨 뜻?
처음으로 상업적인 재배가 이루어진 예멘의 커피는 초콜릿향이 나서 관습적
으로 초콜릿맛이 나는 음료에 '모카'라는 예멘 항구의 이름을 붙인다. 엄밀히
말하면 카페모카보다는 초코라테라는 이름이 맞다.

ICED CAFFE MOCHA 11 - 아이스 카페모카

용기 아이스컵

재료 에스프레소 더블 샷(30ml × 2), 얼음 1스쿱, 찬 우유 200ml,
초코시럽 2펌프, 초코소스 15g

시럽 + 소스 → 에스프레소 → 얼음 → 우유 붓기
→ 휘핑 또는 드리즐

1 아이스컵에 준비된 시럽과 소스 모두 넣는다.

2 에스프레소 더블 샷을 추출해서 넣은 다음 잘 섞는다.

3 얼음을 채운다.

4 스푼을 대고 우유를 조심스럽게 붓는다.

5 손님이 원하면, 휘핑을 올리고 초코소스를 드리즐한다.

◆ 아이스 캐러멜라테와 방법이 같다.

◆ 사용하는 소스에 따라 바닐라라테, 헤이즐넛라테, 초코민트라테 등으로 응
용할 수 있다.

1 스팀피처에 우유를 정해진 양만큼 준비한다. 600ml짜리 피처의 주둥이가 시작되는 지점까지 담으면 180ml 카푸치노잔 두 잔 또는 350ml 머그 한 잔 분량이다.

2 스팀완드는 위에서 보아 좌상단 또는 우상단 1/4 지점에 둔다.

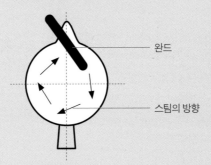

완드

스팀의 방향

3 스팀완드의 끝이 3mm 정도 담겨 있으면 1.3배, 수면에 닿게 되면 1.4배, 2mm 정도 떨어져 있으면 1.7배의 스팀이 생긴다. 손님이 원하는 거품의 양에 맞춰 위치를 조절한다.

1.3배 1.4배 1.7배

4 이 상태에서 스팀 노즐을 열어주면 큰 거품이 생기면서 스팀완드가 자연스럽게 잠긴다. 그대로 두면 우유가 회전하면서 큰 거품이 깨져 작은 거품으로 변하게 된다. 약 20초간 움직이지 않고 그대로 있는다.

110

5 스팀피처의 측면에 손을 대봐서 1초 이상 대지 못할 정도로 뜨거워지면 60℃ 정도 된 것이므로 1~2초 후에 스팀을 끈다. (온도계를 사용하는 것이 가장 정확하다.) 소리로 판단하려면 끓는 소리가 낮고 둔탁해지고 나서 1~2초 후에 끄면 된다.

6 우유를 스팀하고 나서 스팀완드에 묻은 우유를 닦아낸다. 이때 스팀완드는 120℃가 되므로 손이 닿지 않게 주의하여 젖은 흰색 행주로 스팀완드를 감싸쥐듯 닦아야 한다. 제때 닦지 않으면 세균이 바로 증식하고, 다음번 스팀에 나쁜 냄새가 나기도 한다.

7 닦아준 후 스팀을 잠깐 틀어서 스팀완드 내부로 들어간 우유를 밖으로 빼낸다.

◆ 거품은 기분 좋게 쫀득한 식감이 목적이다. 부가적으로 우유의 양이 늘어나 원가가 절감되긴 하지만 그것을 목표로 양을 늘리려고만 해서는 맛을 해칠 수 있다.

◆ 위치와 온도만 정확히 하면 초보자도 쉽게 '벨벳 거품'을 낼 수 있다.

6.

핸드드립

정식명칭으로 매뉴얼 푸어오버 브루잉manual pour-over brewing, 줄여서 푸어오버pour-over는 일본식 조어인 핸드드립hand drip으로 더 잘 알려져 있다. 핸드드립이란 기계의 힘을 빌리지 않고 사람의 손으로 커피에 물을 부어주는 방식으로, 정해진 조건에 따르는 기계에 비해 사람의 의중을 그대로 반영할 수 있어서 그때그때 상황에 따라 다양한 표정을 가진 커피를 추출할 수 있다. 그래서 커피 본연의 맛을 느낄 수 있는 추출 방법임에는 틀림없지만, 바리스타의 숙련된 기술이 필요하다. 그러므로 카페에서 구현하기에는 직원 간의 기술 차이가 있을 수밖에 없다. 뿐만 아니라 도구만 있으면 집에서도 할 수 있어서 집에서 마시는 것만큼의 맛이 나오지 않는다면 카페에서 취급할 이유가 없다. 그래서 이 책에서는 손님에게 일정한 수준의 핸드드립 커피를 제공할 수 있는 방법을 위주로 소개한다.

1) 커피

자가 로스팅을 하는 카페에서는 커피의 품질을 직접적으로 보여줄 수 있으므로, 판매촉진을 위해 좋다. 핸드드립 방식으로 가장 맛있는 커피를 추출하려면 로스팅 3일 후부터 10일 이내의 커피를 사용해야 하는데, 이는 에스프레소용 커피보다 주기가 짧다. 그래서 많이 팔리는 곳이 아니면, 납품받은 커피를 다 사용하지 못하고 폐기해야 하는 상황도 생긴다.

2) 도구

깨지지 않고 쉽게 보충할 수 있는 것들로 구비한다. 도구가 바뀌면 맛도 그때그때 변할 수 있기 때문에 내구성이 중요하다.

드리퍼

모양이나 각도, 구멍의 형태에 따라 물이 커피에 닿는 형태, 물이 빠지는 속도가 달라지므로 맛이 달라진다. 테스트를 해봐서 카페의 콘셉트와 맞는 것으로 준비한다.

여과지

직접 사용해보고 냄새와 맛을 확인한 뒤 고른다. 특히 이상한 냄새나 맛이 나지 않는지 주의한다.

서버

커피를 옮길 때마다 3도씩 식는다고 보면 된다. 그러므로 옮겨 담지 않을 때 맛이 더 좋다. 머그 한 잔을 내리게 되면 서버 없이 드리퍼를 직접 머그에 올리는 편이 낫다.

온도계, 저울

커피맛을 일정하게 유지하기 위해서 필요하다.

주전자

드립용 주전자가 아니라도 상관없으나, 본인의 취향에 따라 선택한다. 스팀피처도 좋다.

드립 그라인더

굵기 변화에 민감하게 반응하는 드립 그라인더는 에스프레소 그라인더와 구조 자체가 다르기 때문에 혼용할 수가 없다. 또한 드립 그라인더는 내부에 커피가 남아 있지 않아 맛이 섞이지 않는데, 에스프레소 그라인더는 이런 점을 충족하지 못한다.

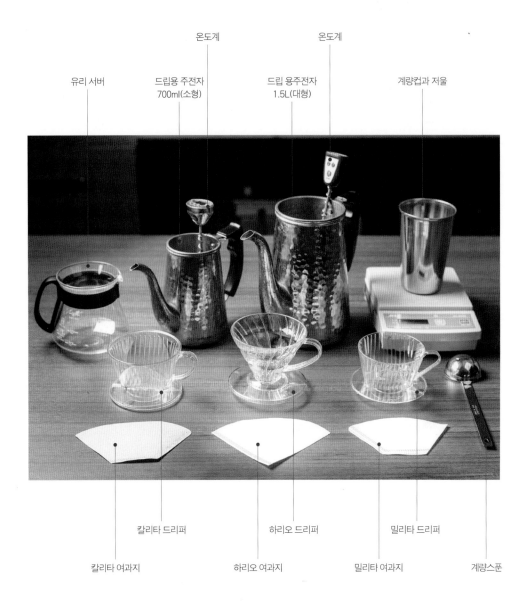

온도계   온도계

유리 서버 드립용 주전자 드립 용주전자   계량컵과 저울
    700ml(소형)   1.5L(대형)

칼리타 드리퍼   하리오 드리퍼   밀리타 드리퍼

칼리타 여과지   하리오 여과지   밀리타 여과지 계량스푼

3) 드립 방법

- 커피에 물이 머무는 시간을 조절해서 맛을 일정하게 유지하는 방식이다. 로스팅의 정도와 직원의 숙련도에 따라 결정한다.
- 커피는 참깨보다 작은 정도의 일정한 크기로 간다.
- 물의 온도는 92℃가 이상적이지만 이는 최대한의 커피를 추출하는 온도, 즉 효율이 좋은 온도일 뿐이다. 그러므로 적절한 맛을 찾아내기 위해 80℃에서 90℃ 사이로 물의 온도를 조절할 필요가 있다. 너무 쓴맛이 강하면 온도를 낮추고 연하면 온도를 높인다.
- 강한 로스팅은 진한 맛을 위한 것이므로 진하고 강하게 추출하는 방식을 선택한다. 연하게 추출하면 탄내와 쓴맛만 날 우려가 있다. 반대로 부드럽고 순한 맛을 위한 약한 로스팅을 진하게 내리면 신맛이 도드라진다. 중간 로스팅은 일반적인 커피에 쓰인다.
- 커피에 물을 부을 때는 나선형으로 원을 그리면서 커피가 고르게 젖도록 한다. 이때 붓는 물의 양과 시간을 저울과 타이머를 이용해 수치화하면 직원에 따라 맛이 달라지는 결과를 방지할 수 있다.

1 – 일반적인 드립 방식

드립을 할 때 물을 여러 번에 나누어 부어야 하므로 옆에 타이머를 두고 드리퍼 밑에 저울을 받치고 시간과 물의 양을 매뉴얼화한다. 강한 로스팅과 중간 로스팅에 적합하다.

● **칼리타 드리퍼 + 깨알 크기 커피 20g**

1 따뜻하게 데운 서버 위에 드리퍼를 올리고 필터를 접어 올린 후, 깨알 굵기로 분쇄한 커피 20g을 담고 고르게 편다. 이때 많이 흔들거나 옆을 치면 다져질 수 있으므로 주의한다.

2 **1**에 담긴 커피 무게만큼의 뜨거운 물을 골고루 붓고 커피가 충분히 젖도록 30초간 기다린다. (원활한 추출을 위한 사전추출)

3 물줄기를 가늘게 하여 원을 그리며 붓는다. 4~5회 반복한다.

4 약 2분간 240ml 정도의 커피를 추출한다.

 **5** 추출이 끝나면 드리퍼에 물이 남아 있더라도 드리퍼를 내려놓
아 이후의 추출액을 받지 않도록 한다.

 **6** 잔에 커피를 옮겨담는다.

2 – 빠르게 붓기

물을 조금씩 나누어 부어주면 부을 때마다 양이 달라져 맛도 달라질 수 있으므로, 아예 테크닉을 배제하고 드리퍼에 물을 가득 붓는 단순한 방식이다. 숙련도가 낮아도 활용할 수 있다. 단 1분 남짓으로 빨리 추출되므로 커피가 연하다. 진한 맛을 내려면 커피의 양을 늘리거나 커피를 더 곱게 간다. 깊고 개성 있는 맛을 내기는 어렵지만 맛을 일정하게 내기엔 좋다. 중간 로스팅에 적합하다.

● **하리오 드리퍼 + 깨알보다 조금 작은 커피 25g**

1 서버를 따뜻하게 데우고 깨알보다 조금 작은 굵기로 분쇄한 커피 25g을 드리퍼에 담아 고르게 편다.

2 **1**에 담긴 커피 무게만큼의 뜨거운 물을 골고루 붓고 커피가 충분히 젖도록 30초간 기다린다.

3 물을 빠르게 부어 드리퍼 상단까지 물을 채우고, 물이 빠질 때까지 기다린다.

 **4** 최고 수위로부터 5mm 정도 낮아지면 곧바로 물을 붓는다. 이때 기준이 되는 수위를 결정해야 한다. 3회 정도 반복하여 240ml 의 커피를 추출한다.

 **5** 추출이 끝나면 드리퍼를 내려놓아 이후의 추출액을 받지 않도 록 한다.

 **6** 잔에 커피를 옮겨담는다.

3 - 추출해서 희석하기 1

이론적으로는 전체 추출에서 처음의 1/3만 추출해도 맛의 80%가 나오므로 초기의 맛만 추출하는 방식이다. 특별한 기술 없이 부드럽고 편안한 맛을 낼 수 있어서 많은 카페에서 사용한다. 다만 뒤에 추출되는 목질의 쓴맛이 나지 않아 커피맛이 오래가나 바디감은 없고 개성도 없다. 중간 로스팅, 약한 로스팅에 사용한다.

● **하리오 드리퍼 + 깨알 크기 커피 30g**

1 서버를 따뜻하게 데우고 깨알 굵기로 분쇄한 커피 30g을 드리퍼에 담아 고르게 편다.

2 **1**에 담긴 커피 무게만큼의 뜨거운 물을 골고루 붓고 커피가 충분히 젖도록 30초간 기다린다.

3 물줄기를 가늘게 하여 원을 그리며 1회당 20~30ml의 물을 조금씩 부어준다. 약 2분간 120ml 정도, 반 잔 분량만 추출한다.

 **4** 추출이 끝나면 드리퍼를 내려놓아 이후의 추출액을 받지 않도록 한다.

 **5** 잔에 커피를 옮겨담고 주전자에 남은 물을 붓는다.

 **6** 커피 한 잔을 채워낸다.

4 – 추출해서 희석하기 2

약하게 로스팅한 커피로 농도를 진하게 낼 필요가 없을 때 사용하는 방법이다. 잡미가 적어서 마시기에는 더 편하다.

● 하리오 드리퍼 + 깨알보다 조금 작은 커피 30g

1 서버를 따뜻하게 데우고 깨알보다 조금 작은 굵기로 분쇄한 커피 30g을 드리퍼에 담아 고르게 편다.

2 사전추출 없이 바로 뜨거운 물을 붓는다. 물줄기를 가늘게 하여 원을 그리며 1회당 20~30ml의 물을 조금씩 붓는다. 약 2분 30초간 120ml 정도, 반 잔 분량만 추출한다.

3 추출이 끝나면 드리퍼를 내려놓아 이후의 추출액을 받지 않도록 한다.

4 잔에 커피를 옮겨담고 주전자에 남은 물을 붓는다.

5 커피 한 잔을 채워낸다.

5 – 진하게 추출하기

커피에 물이 닿는 시간을 늘려서 진하게 추출하는 방식이다.

● **밀리타 드리퍼 + 깨알 반쪽 크기 20g**

1 서버를 따뜻하게 데우고 깨알 반쪽 굵기로 분쇄한 커피 20g을 드리퍼에 담아 고르게 편다.

2 **1**에 담긴 커피 무게만큼의 뜨거운 물을 골고루 붓고, 커피가 충분히 젖도록 30초간 기다린다.

3 물줄기를 가늘게 하여 원을 그리며 1회당 20~30ml의 물을 조금씩 붓는다. 물 붓는 간격을 벌려서 충분히 추출될 수 있도록 시간을 준다. 약 3분간 120ml 정도, 반 잔 분량만 추출한다.

4 추출이 끝나면 드리퍼를 내려놓아 이후의 추출액을 받지 않도록 한다.

5 커피의 양에 맞는 잔에 커피를 옮겨담는다. 뜨거운 물은 채우지 않는다.

4) 도구로 추출하기

커피를 추출할 때 일반적인 드리퍼가 아닌 기구를 이용하는 방법이 있다. 여기서는 에어로프레스와 프렌치 프레스, 클레버 드리퍼를 소개한다.

에어로프레스는 주사기의 원리를 본 따서 만든 것으로 구조상 프렌치 프레스와 필터커피의 장점이 결합된 커피를 만들 수 있다. 물이 커피와 충분히 닿는 시간을 충분히 지속함으로써 커피 본래의 맛을 잘 이끌어내는 동시에, 압력을 가해 상대적으로 짧은 시간에 필터를 통해서 걸러내기 때문에 프렌치 프레스에서 느껴지는 잡미가 없다는 것이 장점이다. 반면 미추출의 경향이 있는데, 신맛이 비교적 강하게 나타난다. 바디감 또한 약한 편이다.

프렌치 프레스는 커피를 물에 담가두었다가 필터를 통해서 커피가루를 걸러내는, 매우 직관적인 방식이라서 오랫동안 사랑받아온 추출도구이다. 그러나 미세한 커피가루가 잘 걸러지지 않기 때문에 잡미가 느껴지고 입에서 느껴지는 식감이 좋지 않다는 단점이 있다. 하지만 커핑을 통해서 느껴지던 맛과 향을 똑같이 소비자에게 제공할 수 있으므로 스페셜티 커피를 전문으로 한다면 고려해볼 만한 방식이다.

클레버 드리퍼는 일반적인 드리퍼와 비슷하게 생겼으나 하단에 물이 빠지지 않도록 막음 장치가 있어서 커피를 잔 위에 올려놓을 때만 물이 빠진다. 계속 물을 부어주지 않아도 되므로 바쁜 업장에서는 쉽고 편하다는 장점이 있다. 구조상 커피가 위에 뜨게 되면서 층분리가 일어나는데, 이를 잘 섞어주지 못한다면 커피가 진하게 나오기 힘들뿐더러 목질계의 잡미를 피하기 어렵고 커피를 담갔다가 추출하는 방식이다보니 커피와 물의 농도가 같아지면 더 이상 커피가 추출되지 않는 특징이 있다. 그래서 언제나 일정한 농도의 추출이 가능하다는 장점이 있지만 커피가 충분히 진하게 되지 않는다는 단점도 있다. 그러므로 잘 저어주고 적절한 시간을 유지해야 하는 등 신경을 써야 할 부분이 많다. 게다가 구조상 설거지가 힘든 부분에 커피 찌꺼기가 끼어서 커피 맛을 해치기도 쉽다. 노력에 비해서 좋은 커피를 얻기 힘든 도구로 '프로페셔널'을 지향하는 카페에서 쓰기에는 부족한 점이 있다.

1 - 1 에어로프레스

aeropress

추출시간을 조절할 수 있어서 핸드드립보다 짧게 끝난다. 직원들 간의 커피 맛 차이가 크지 않다. 커피는 에스프레소와 드립커피의 중간 정도의 굵기(깨알 반쪽)로 간다. 상대적으로 낮은 온도와 짧은 추출시간으로 잡미보다 신맛이 강조되는 편이다.

1 전용필터를 깐다.

2 커피 18g을 넣는다.

3 물은 눈금 3까지 약 120ml를 붓고 1분 30초에서 2분 동안 잘 섞이도록 2~3번 젓는다.

4 주사기를 밀듯 막대기를 힘껏 밀어 커피를 추출한다. 진하게 제공할 경우 추출 후 작은 잔에 옮겨 담고, 연하게 머그잔에 제공할 경우 따뜻한 물을 추가로 붓는다.

1-2 에어로프레스
aeropress

커피를 굵은 굵기로 갈아서 추출이 빠르게 이루어지는 경우, 정상적인 방법으로 추출했을 때 추출기 안에 커피가 머무르지 않고 그냥 흘러나가서 커피가 묽어지는 경향이 있다. 이럴 때는 에어로프레스를 뒤집어서 사용하면 된다.

1 피스톤과 몸체를 끼운다.

2 피스톤을 끼운 상태에서 뒤집어서 커피를 넣는다.

3 물을 추출량보다 20%정도 더 넣고 1분 30초에서 2분 동안 잘 섞이도록 2~3번 위아래로 젓는다.

4 전용필터를 깐다.

5 뒤집어서 주사기를 밀듯 막대기를 힘껏 밀어 커피를 추출한다.

2 – 프렌치 프레스

French press

종이필터가 없기 때문에 유분과 작은 가루 등이 걸러지지 않아서 쌉쌀하고 텁텁하지만, 커핑과 같은 맛을 내기 때문에 생두를 판매할 목적이 있는 곳에서는 시음용으로 유용하다. 커피는 드립용보다 2배 정도 굵게 간다.

1 커피를 넣고 정한 양의 물을 반만 붓는다. 커피 8g에 물 120ml 를 기준으로 하되, 목적에 따라 가감한다.

2 30초 정도 기다렸다가 나머지 반을 마저 부어준다.

3 3분 정도 기다렸다가 프레스를 누른다.

3 - 클레버 드리퍼

clever dripper

커피에 물이 닿는 시간이 오래되어 커피와 물의 농도가 비슷해지면 추출을 멈추기 때문에 커피를 진하게 추출할 수는 없다. 또한 잔 위에 올려놓으면 물이 빠져나갈수록 추출 속도가 느려지는 구조이므로 물이 완전히 빠져나갈 때까지 기다리면 목질계의 잡미가 두드러지게 날 수 있다. 커피는 깨알 크기로 간다.

1 커피 20g을 넣고 물 300ml를 담는다.

2 커피를 골고루 저어준다.

3 커피가 우러나면 잔에 올린다. 물이 빠지는 속도가 느려졌다고 판단되면 내려놓는다.

7.

크림 메뉴

크림은 우유의 처리 과정에서 얻는 지방질로, 서양에서는 유지방 함유량에 따라 프레시 크림(fresh cream, 약 18% 함유)과 헤비크림(heavy cream, 약 35% 함유)으로 분류하기도 한다. 국내에서는 18%~35%의 유지방을 함유한 크림을 생크림으로 판매하고 있으며, 휘핑크림은 35% 이상의 높은 유지방 함유율을 가진 크림을 말한다.

1) 생크림과 휘핑크림의 특성

생크림은 우유의 크림을 살균처리만 해서 포장 판매하는 것으로, 가장 풍부하고 자연스러운 질감을 가지고 있으며, 맛도 고소하다. 다만 가격이 비싸고, 유통기한이 짧으며, 거품 유지력이 약해서 대부분의 매장에서는 휘핑크림을 많이 사용한다.

    휘핑크림은 동물성과 식물성이 있는데, 동물성 휘핑크림은 유지방에 거품을 안정화시키고 오래 보존할 수 있도록 하기 위한 유화제와 안

정제가 포함된 것을 말한다. 식물성 휘핑크림에 비해 맛은 좋지만 거품 유지력이 약하기 때문에 중간중간에 다시 거품을 내주어야 한다. 주로 음료용보다 제과용에 많이 쓰인다.

식물성 휘핑크림은 야자유, 팜유 등 식물성 유지를 사용해서 만들기 때문에 단단한 거품이 형성되어 거품 유지력이 좋고 비교적 저렴하다. 하지만 동물성 휘핑크림에 비해 담백하고 고소한 맛이 떨어지고 느끼하다는 단점이 있다. 업체에 따라서는 두 가지의 크림을 섞어서 쓰기도 한다.

2) 음료에 사용하는 생크림

10여 년 전에는 원가 문제 때문에 식물성 휘핑크림이 주로 사용되었으나, 현재는 저가형 커피 매장을 제외하고는 식물성 휘핑크림의 사용 빈도가 많이 줄어들었으며 주로 동물성 휘핑크림을 사용하는 추세다. 묽은 거품을 사용하는 경우, 생크림을 단독 사용하거나 동물성 휘핑크림에 우유를 소량 섞어서 부드럽게 만들어서 사용한다. 단단한 거품을 내야 한다면, 생크림에 식물성 휘핑크림이나 동물성 휘핑크림을 적당한 비율로 섞어서 사용한다. 이때 식물성 휘핑크림에 레몬즙이나 레몬시럽을 소량 섞어 느끼한 맛을 잡아주기도 한다.

3) 거품 내기

이전에는 질소가스를 이용하는 휘핑기가 있어서 아주 손쉽게 거품을 낼 수 있었지만 질소가스 판매 규제로 인해서 휘핑기 사용이 어려워졌다. 생크림의 휘핑은 이제 휘스크 whisk라고 불리는 거품기 혹은 핸드블렌더 등을 이용한다.

거품을 낼 때는 온도가 매우 중요하다. 차가울수록 거품이 잘 만들어지기 때문에 크림과 거품을 낼 볼 자체를 차갑게 하고 거품을 내는 것이 좋다. 거품이 잘 안 난다면 거품을 내는 볼에 얼음을 받치는 것도 방법이다.

생크림의 경우, 거품이 나더라도 쉽게 거품이 깨져서 점도를 오랫동안 유지하기 힘들다. 거품을 낼 때 설탕을 충분히 첨가하면 거품의 겉면을 설탕이 얇은 막으로 감싸 거품 유지력이 좋아진다. 가장 이상적인 설탕의 비율은 약 15~20%라고 알려져 있지만 이 정도만 넣어도 매우 달아 음료의 밸런스가 무너질 수 있으니 당도를 줄여서 쓰는 것이 좋다. 다만 당도를 낮출 경우 거품을 만들어놓고 시간이 지나면 거품의 단단함이 풀려서 물 같은 질감이 나타날 수 있다. 묽어졌다면 중간중간에 추가로 휘스크로 충분히 공기를 넣어 단단하기를 유지하면 된다.

거품을 내는 과정에서 필요하다면 향이나 첨가제를 넣을 수도 있다. 최근에 유행하는 아인슈페너의 경우, 크림만을 사용했을 때 맛의 임팩트를 주기 어렵기 때문에 생크림에 바닐라시럽이나 캐러멜시럽 등을 첨가하기도 한다. 다만 시럽을 이용해서 향을 첨가할 때 설탕보다 시럽의 양이 많아지면 거품이 빨리 꺼지므로 주의해야 한다.

4) 크림에 다른 맛을 첨가하는 경우

크림에 특화된 메뉴인 땅콩크림라테나 흑임자크림라테 등 크림에 다른 재료를 섞어서 쓰는 경우 거품을 내는 단계부터 땅콩버터나 흑임자 페이스트를 넣으면 거품 자체가 안 만들어질 수 있다. 이때는 생크림만으로 거품을 먼저 내서 충분히 단단하게 만들어놓은 뒤 재료를 섞어주는 방식으로 해야 원하는 질감을 얻을 수 있다.

| 거품 내기 |

재료 생크림 300g, 설탕 30g, 바닐라시럽 20ml
도구 볼, 휘스크, 플라스틱 용기, 핸드블렌더

1 볼에 생크림과 설탕, 바닐라시럽 등을 넣고 원하는 단단하기가 나올 때까지 젓는다(핸드블렌더를 사용하는 경우, 사용 시간을 조절해 거품이 너무 단단해지지 않도록 한다).

2 플라스틱 용기에 보관하거나 짤주머니에 넣고 용기에 보관한다.

◆ 색깔 있는 휘핑 만들 때 녹색은 그린민트시럽, 빨간색은 딸기시럽을 1~2펌프(8~16ml) 추가한다. 묽어지는 걸 방지하기 위해 식용색소를 넣기도 한다.
◆ 보관된 휘핑은 2일 이내 사용하고 남는 것은 폐기한다.

1 - 아인슈페너

재료 에스프레소 더블 샷(30ml × 2), 냉각된 정수 100ml, 얼음 반 스쿱, 생크림

1 잔에 얼음을 50% (1인치 큐브 약 7개) 채우고 냉장고에 보관된 냉각된 정수를 컵의 70%까지 채운다.

2 추출된 커피 더블 샷을 위에 부어준다.

3 부드럽게 휘핑된 크림을 얹는다.

2 - 더블 크림라테

재료 에스프레소 싱글 샷(30ml) 또는 더블 샷(30ml × 2), 우유 150ml, 생크림, 얼음 반 스쿱

1 잔에 준비된 우유와 얼음을 넣는다.

2 우유와 한번에 섞이지 않도록 스푼을 이용하여 에스프레소를 조심스럽게 부어준다.

3 부드럽게 휘핑된 크림을 얹는다.

◆ 생크림을 준비할 때 생크림에 바닐라를 넣으면 바닐라 크림라테가 된다.
◆ 생크림을 휘핑한 후 땅콩버터나 흑임자 페이스트 등을 첨가해 섞어서 커피 위에 올리면 피넛크림라테나 흑임자크림라테 등으로 응용이 가능하다.

8.

파우더 음료 메뉴

파우더로 제조한 음료는 전통적으로 카페에서 가장 폭넓게 활용해온 메뉴다. 유행에 따라 여러 가지 파우더가 출시되었으므로 잘만 활용한다면 다양한 메뉴를 선보일 수 있다. 다만 예전에 비해 파우더가 덜 건강하다는 인식이 많아졌고, 저렴한 가격대를 내세우는 프랜차이즈 카페 중심으로 파우더 메뉴가 판매되다보니 그러니 자칫 카페에 대한 평가까지 나빠질 수도 있기 때문에 조심스럽게 접근하는 편이 좋다.

이 책에서는 파우더를 사용하는 방법에 대해서만 다루기로 한다. 대부분의 파우더는 알칼리 처리가 되어 있어서 물에 녹이면 쉽게 녹는 특성을 가지고 있으므로 어려움 없이 작업할 수 있다. 다만 미숫가루나 녹차가루처럼 직접 만들거나 가공을 거치지 않은 천연 재료를 사용할 경우, 물에 잘 녹지 않고 뭉칠 수 있기 때문에 가루를 잘 풀어주는 방법을 고안해야 한다.

1 - 뜨거운 음료의 파우더 녹이기

재료 파우더, 우유 250ml

1 스팀피처에 우유를 넣고 스팀을 이용하여 65℃로 데운다.

2 잔에 파우더를 담고, 우유를 전체 양의 1/3 정도만 담는다.

3 숟가락이나 스터러를 이용하여 파우더를 잘 풀어준다.

4 나머지 우유를 넣어서 마무리한다.

2 – 차가운 음료의 파우더 녹이기

뜨거운 우유를 사용하기

재료 파우더, 우유 250ml, 얼음

1 작은 스팀피처에 우유 50ml를 넣은 뒤 40~50℃까지 짧게 가열한다.

2 가열한 우유에 파우더를 넣고 녹인다.

3 잔에 얼음을 채우고 섞어준 음료를 넣어준다.

4 여기에 준비된 우유를 마저 넣고 섞는다.

◆ 이 방법으로 음료를 쉽게 만들 수 있지만 온도 때문에 얼음이 쉽게 녹아서 농도가 약하다고 느낄 수 있다.

셰이커 이용하기

재료 파우더, 우유 200ml, 얼음

1 셰이커에 얼음, 파우더, 우유를 넣는다.

2 충분히 흔들어준다.

3 셰이커를 열고 거품을 제외한 액체만 준비된 얼음컵에 붓는다.

9.

베이스

커피만으로는 다른 카페와 차별화하기가 쉽지는 않다. 그러면 커피 이외의 음료에서 강점이 드러나야 한다. 그러려면 인공적인 파우더보다 원재료를 활용해서 충분히 깊은 맛을 내는 편이 낫다.

과일 음료는 신선한 제철 과일을 그때그때 갈아서 만드는 것이 가장 좋은 방법이지만 제철이 아닐 수도 있고, 주문이 들어올 때마다 만드는 것도 어려운 일이다. 이럴 때 미리 베이스를 준비해두면 시간도 아끼고 일정한 맛도 유지할 수 있다. 천연재료를 직접 손질하는 모습을 손님에게 보여주는 것도 신뢰감을 높이는 방법이다.

1) 베이스 종류

우유(가열) 베이스

우유가 들어가는 경우 65~70℃로 30분간 가열하는 멸균처리를 하여 냉장고에 보관하면 일주일간 사용 가능하다.

과일(비가열) 베이스

비가열이기 때문에 사용 기간이 당일 또는 2일 이내로 짧다. 착즙하는 시트러스 계열은 오래가는 편이다. 특별한 가공이 필요한 것이 아니면 즉석에서 하는 게 더 좋다. 다만 베이스를 만들어두면 제철이 아닐 때도 메뉴로 낼 수 있다. 딸기, 블루베리, 망고 등 냉동으로 들어오는 것은 해동하면 모양이 망가지기 때문에 미리 가공을 해야 한다.

페이스트

페이스트는 고구마나 호박 등의 근채류를 음료로 만드는 경우에 사용한다. 우유나 물에 개서 내면 아침식사 대용으로도 좋다. 파우더를 사용하면 편리하게 만들 수 있지만 천연재료를 가공한 페이스트는 좀더 고급스럽고 풍부한 맛을 내기 때문에 차별화된 메뉴를 만들 수 있다.

1 - 초콜릿 베이스

비 커피 음료로 가장 많이 소비되고 있는 음료 중의 하나로, 기본이 되는 베리에이션 음료이다. 지금도 파우더를 이용해서 만드는 것이 보편적이지만 최근에는 초콜릿을 녹여서 만드는 '리얼 초콜릿 음료'가 주목을 받고 있다.

파우더는 이미 당류와 기타 첨가물이 들어가 있는 상태이기 때문에 맛을 조절하기 어렵고, 일정 수준 이상이 되는 파우더는 가격 또한 매우 높다. 초콜릿을 바로 녹여서 사용하는 방법도 있지만 여기서는 초콜릿 베이스를 만들어 다양하게 활용해본다.

재료 다크초콜릿 820g, 우유 1100ml

1 큰 냄비에 초콜릿을 넣는다.

2 스팀으로 60℃까지 데운 우유를 넣는다.

3 약한 불로 데우면서 잘 저어 냄비에 눌어붙지 않도록 한다.

4 온도를 측정하면서 데운다. 65~70℃가 넘지 않도록 주의하면서 가열한다.

5 전체적으로 입자감이 없어지고 광택이 생기면 약 10분 정도 더 가열해서 살균한 뒤 불을 끄고 천천히 식힌다.

6 보관 용기에 넣어 냉장 보관한다.

보관

- 베이스는 만든 당일에 쓰는 것보다는 하루 정도 냉장 보관 후 사용하면 좀더 식감이 부드럽고 맛이 풍부해진다.
- 굳어서 잘 안 나오는 경우가 있는데 이런 경우 주걱 등으로 충분히 저어주면 굳어진 것이 풀려서 사용하기 쉽다. 준비된 베이스는 하루에 한 번 정도 충분히 저어주면 된다.
- 보관용기에 담을 때 용기를 깨끗하게 살균하고 물기가 없는 상태에서 담아야 변질을 막을 수 있으며, 위생적으로 처리된 베이스라면 냉장고에 보관했을 때 일주일 정도 안전하게 사용할 수 있다.

◆ 핫초콜릿, 아이스초콜릿, 카페모카에 쓰인다.
◆ 65~70℃의 온도에서 30분 이상 가열하여 완전히 멸균되도록 한다. 70℃가 넘으면 우유와 생크림의 단백질이 변성되어 비린내가 난다.
◆ 초코파우더만 쓰면 기름기가 적어서 부드럽고 풍부한 맛이 없다. 고급스럽고 독특한 맛을 내려면 진짜 초콜릿을 이용해야 한다.
◆ 덩어리 초콜릿은 고급일수록 좋지만 중급 이하를 써도 덩어리 자체를 씹는 게 아니기 때문에 무방하다.
◆ 당도의 느낌을 높여주기 위해 소금을 넣는다. 소금을 빼면 단맛이 아린맛으로 나타나게 된다.
◆ 가공하는 동안 향이 날아가기 때문에 전통적으로 초콜릿 음료에는 향신료로 향의 강도를 보조한다. 펜넬, 정향, 계피, 쥐똥고추를 소량 넣으면 느끼한 맛을 잡아준다. 초콜릿의 잡미를 감추기 위해 천연 바닐라를 첨가하기도 한다. 다만 향신료의 맛이 도드라지면 안 된다.
◆ 맛의 선명함을 높이기 위해서 에스프레소 추출액을 소량 첨가하는 것도 좋다.
◆ 생크림은 질감을 높이기 위해 넣어준다.

2 - 밀크티 베이스

밀크티는 부드러운 맛 때문에 많은 사람들에게 사랑받는 메뉴로, 최근 몇 년간 카페의 중요한 메뉴로 자리 잡았다. 밀크티를 만드는 여러 가지 방법이 있는데 이전에는 밀크티 파우더나 밀크티용 티 농축액을 사용하여 간편하게 제조하였으나 근래에 들어서는 기성의 제품들이 맛이 기대치에 못 미치고 차별화하기 어렵기 때문에 직접 찻잎을 우려서 사용하는 방식을 선호하는 추세이다.

밀크티를 만들 때는 냉침법과 가열법(보일링)을 주로 사용한다. 가열법은 뜨거운 물에 찻잎을 담가 충분히 가열해 차를 우려내는 방법으로, 농도를 진하게 낼 수 있다는 장점이 있다. 다만 과도하게 끓이면 향이 날아가고 깔끔한 맛이 떨어질 수 있다. 가열법을 사용할 때 우유로 직접 끓이면 우유의 특성상 다른 성분을 더 이상 녹여내기 힘들기 때문에 차가 제대로 우러나오지 않는다. 또한 우유를 과도하게 끓이면 우유 비린내가 나서 음료의 품질이 떨어지므로 맹물을 사용하여 차를 진하게 우려낸 후 우유를 섞는 편이 좋다.

냉침법은 최근에 많이 쓰고 있는 방법으로 맛이 깔끔하다는 장점이 있긴 하지만 가열법에 비해서 맛이 약하다는 단점이 있다. 냉침의 경우에 우유에 직접 찻잎을 넣고 냉장 보관해서 우려내는 방법을 쓰기도 하지만, 가열법과 마찬가지로 냉수를 사용하여 찻잎을 진하게 우려낸 뒤 우유와 섞는 방법을 추천한다.

재료 말린 잎차 150g, 설탕 400g, 연유 200g, 물 500ml

1 냄비에 물과 홍차를 넣고 중불에서 15분간 끓인다.

2 불을 끈 후 설탕과 연유를 넣고 잘 젓는다.

3 담을 때 거름망을 사용해서 남은 홍차를 걸러내고, 1시간 정도 식힌 후 소독된 통에 옮겨 담는다.

보관
– 냉장고에 보관하며 일주일간 사용한다.
– 매일 맛과 향을 확인하여 변질 여부를 확인한다.

◆ 가늘게 분쇄된 잎차나 건파우더gun powder 형태로 가공된 제품을 쓰는 게 추출 효율 면에서 좋다.
◆ 저렴한 티백홍차도 괜찮다. 가열하므로 어차피 향이 많이 남지 않는다. 색을 진하게 우려내는 게 중요하다.
◆ 당도가 높아지면 추출이 안 되므로 설탕을 먼저 넣고 끓이면 안 된다.
◆ 우유로는 농도가 나오지 않으므로 연유를 사용한다.
◆ 향신료로 개성을 살릴 수 있다. 정향이나 계피 등이 좋다.
◆ 너무 고운 망으로 거르면 찻잎 가루가 남지 않는다. 잔에 남아 있는 천연재료를 손님에게 보여주는 센스도 필요하다.

3 - 비가열 과일 베이스

최근 들어 카페에서 가장 주목받는 음료의 베이스이다. 천연의 재료를 가공하여 준비해두었다가 음료로 만들어 제공하는 것으로, 응용범위가 넓고 맛도 좋으며, 고객에게 건강한 음료라는 인상을 줄 수 있다.

과일청, 효소 등으로 불리는 비가열 과일 베이스는 과일을 설탕에 절이는 과정을 통해 변질이 되지 않으며, 설탕에 의한 삼투로 인해서 과일 안에 들어 있는 맛과 향이 풍부한 즙이 자연스럽게 배어나온다. 다만 당도가 높기 때문에 발효와 같은 작용을 기대할 수 없고 실제로 건강에 좋다고 하기는 어렵다.

과일청 만들기

보통 원재료와 설탕의 비율을 1:1 정도로 맞추는 것을 기본으로 한다. 제철에 나지 않는 재료를 오래 보존하기 위한 목적이었기 때문에 당도를 매우 높게 잡는 것이다. 하지만 최근에는 대부분의 과일들을 연중 공급받을 수 있고, 또한 냉장고를 활용하면 일정기간 변질을 막을 수 있으므로 당도를 훨씬 낮추어 건강한 제품을 만드는 것을 추천한다. 그래야 나중에 손님의 기호에 따라 당도를 조절해줄 수도 있다.

이러한 기조에 따라 당도의 비율이 이전의 1:1 비율에서 1:0.3~0.5 비율로 넘지 않는 수준에서 제조하는 추세이다. 다만 당도가 낮은 만큼 빠르게 소비할 수 있는 소량만 만들고, 하루 이틀 정도만 삼투가 잘 일어나도록 상온에 보관 후 과일즙이 충분히 배어나왔다고 판단되면 바로 냉장 보관해서 사용해야 한다.

비가열 과일 베이스의 맛조정

무색무취의 백설탕을 사용하는 것을 기본으로 한다. 건강식 트렌드로 인해 비정제 설탕을 사용하는 경우도 있는데 비정제 설탕은 고유색이 있기 때문에 과일 색을 해칠 우려가 있다. 또한 비정제 설탕은 우유와 혼합하는 메뉴의 경우 고유의 향미로 인해서 매우 긍정적인 상승 효과를 기대할 수 있지만, 탄산수 등이 섞이는 에이드의 경우에는 고객들이 선호하지 않는 향을 느낄 수 있으므로 신중하게 선택할 필요가 있다.

비가열 과일 베이스를 만들 때 신맛이 중심이 되는 베이스라면 제조 과정에서 레몬즙이나 구연산을 일부 첨가하는 것도 좋은 방법이다. 과일 베이스의 산도를 높이기 때문에 보존성을 높이고 음료로 만들었을 때 과일 특유의 신맛이 선명해진다.

3-1 - 자몽 베이스

재료 자몽즙 500ml, 레몬즙 50ml, 시럽 100ml

1 자몽을 짠다.

2 **1**에 시럽을 넣고 레몬즙으로 신맛을 보충한 다음 멸균된 병에 포장한다.

보관
- 냉장고에 보관하며, 퍼낼 때 물기 있는 숟가락, 포크 등이 닿지 않게 주의한다.
- 2일간 보관 · 사용하며, 이후 폐기한다.
- 많이 만들었다면 냉동 보관하며, 사용 전날 냉장고로 옮겨 해동한다.

◆ 바로 짜서 하는 방법이 가장 좋지만, 자몽이 안 나오는 계절을 대비한 방법이다.

3-2 - 생강 베이스

재료 생강 1kg, 설탕 1kg, 생강즙 200ml

1mm 두께로 강판에서 슬라이스한 생강은 통에 1cm 두께로 깔고, 설탕을 같은 양으로 넣어주면서 켜켜이 담는다.

보관
- 겨울은 4일, 여름은 2일 상온에서 숙성한 뒤 냉장고에 보관한다.
- 설탕에 절이는 것이기 때문에 장기보존이 가능하나 냉장 보관 시 한 달 동안 사용할 수 있다.
- 한 달이 지나면 맛을 보아 알코올 발효가 있으면 폐기한다. 실온에 방치하면 알코올 발효가 있을 수 있기 때문에 절대 주의한다.
- 반드시 세척 건조된 숟가락만 사용하고, 입이 닿거나 물기가 있는 숟가락은 절대 사용해서는 안 된다.
- 냉장고에서 꺼내서 사용할 만큼만 덜어내고, 통은 가능한 한 빠르게 냉장고에 넣는다.

◆ 국내산 생강은 매워서 중국산을 쓴다. 매운맛이 덜하면 국산 생강을 아주 조금 넣어준다.

3-3 - 레몬 베이스

재료 레몬즙 500ml, 시럽 200ml

1 레몬을 짠다.

2 시럽을 첨가해서 멸균된 통에 담는다.

보관
- 냉장고에서 4~5일간 사용한다.
- 중간중간 확인해서 알코올 발효가 일어나지 않았는지 확인한다.

◆ 바쁘지 않으면 그때그때 해도 된다.
◆ 블루레모네이드를 할 경우, 블루큐라소 20ml를 첨가한다.

3-4 – 블루베리 베이스

재료 냉동 블루베리 1kg, 시럽 500ml

1 블루베리와 시럽을 블렌더에 넣고 10초 이하로 거칠게 간다.

2 소독된 튜브통에 담는다.

보관
- 냉장고에 보관하며 일주일간 사용한다. 남는 양은 적당히 나누어 냉동 실에 보관한다.
- 매일 맛과 향을 확인하여 알코올 발효 여부를 확인한다.
- 냉동된 베이스를 사용할 때는 냉장실로 옮겨서 서서히 해동한다.

◆ 와플, 아이스크림 등 사이드메뉴의 토핑으로도 쓰인다.
◆ 냉동 과일 해동은 냉장실에서 충분히 시간을 두고 해야 한다. 상온에 두면 겉만 먼저 녹기 때문에 모양이 망가지거나 온도막이 생겨 여름철에는 겉이 상하기도 한다.

3-5 - 자몽 슬라이스

재료 자몽 1kg, 설탕 500g, 꿀 500g

자몽을 슬라이스해서 준비된 통에 자몽 → 설탕 → 자몽 → 꿀의 순으로 담는다.

보관
- 겨울은 2일, 여름은 1일 상온에서 숙성한 뒤 설탕이 녹아 액체가 되면 냉장고에 보관한다.
- 냉장고에 보관하며 2주일간 사용한다.
- 매일 맛과 향을 확인하여 알코올 발효 여부를 확인한다.
- 꼭 마른 도구를 사용하여 슬라이스를 집는다. 절대 손이나 젖은 도구를 이용해서는 안 된다.

3-6 - 레몬 슬라이스

재료 레몬

레몬을 슬라이스해서 통에 담아둔다.

보관
- 냉장고에 보관하며 일주일간 사용한다.
- 매일 맛과 향을 확인하여 알코올 발효 여부를 확인한다.
- 꼭 마른 도구를 사용하여 슬라이스를 집는다. 절대 손이나 젖은 도구를 이용해서는 안 된다.

4 - 고구마 베이스

재료 고구마 2kg, 우유 · 물 적당량, 시럽 400ml

1 껍질을 벗긴 고구마를 우유와 물을 반반 섞은 냄비에 넣고 푹 삶는다.

2 다 익었으면 불을 끄고 남은 물을 버린 뒤 시럽을 넣고 으깬다.

◆ 단호박 베이스도 같은 방법으로 만들 수 있다.
◆ 기호와 최종 음료의 스타일에 따라 페이스트에 버터 혹은 생크림을 넣어 제조하면 풍부한 맛을 느낄 수 있다.
◆ 우유와 물은 고구마가 잠길 정도만 있으면 된다.
◆ 소독된 통에 옮겨 담고 냉동 보관한다.

베이스는 보관을 전제로 만드는 것이므로, 항상 용기 소독이 기본이 되어야 한다.

유리

끓는 물에 소독한다.

플라스틱

스프레이에 소독용 알코올을 담아 안팎 구석구석에 뿌린 후, 알코올을 잘 말려서 사용한다. 시중에서 판매하는 알코올계 소독제를 사용해도 된다.

10.
베이스 응용 메뉴

1) 초콜릿 베이스 기본 메뉴

시판용 초코파우더나 초코소스로 낼 수 없는 깊은 초콜릿 맛을 강조하는 음료들이다. 초콜릿을 좋아하는 손님들은 항상 일정 비율 존재하므로, 초콜릿의 풍미를 제대로 낸다면 카페의 시그니처 메뉴로 발전시킬 수도 있다. 다음의 메뉴들 외에도 민트초코, 딸기초코, 초코슬러시 등 다양하게 활용이 가능하다.

1 - 아이스초코

재료 초콜릿 베이스 120g, 우유 160ml, 얼음 1스쿱, 생크림, 장식용 초콜릿

1 16온스 아이스컵에 얼음을 가득 채운 뒤 우유 160ml를 넣는다.

2 초콜릿 베이스 120g을 조심스럽게 붓는다.

3 부드럽게 휘핑된 크림을 얹는다.

4 데코레이션을 올려 마무리한다.

2 - 멜팅초코

재료 초콜릿 베이스 120g, 우유 160ml, 전분 약간, 생크림 약간, 장식용 초콜릿

1 스팀피처에 초콜릿 베이스 120g과 우유 160ml를 넣은 뒤, 전분을 조금 넣는다.

2 스팀을 이용하여 70℃까지 가열한다. 초콜릿 때문에 높은 온도에도 우유 비린내가 느껴지지 않는다.

3 잔에 붓고 부드럽게 휘핑된 크림을 얹는다.

4 데코레이션을 올려 마무리한다.

3 - 카페모카

재료 초콜릿 베이스 50g, 시럽 10g, 우유 160ml, 에스프레소 더블 샷(30ml ×2), 생크림

1 스팀피처에 초콜릿 베이스 50g과 시럽 10g, 우유 160ml를 넣고 스팀을 이용하여 65℃까지 데운다.

2 커피 더블 샷을 추출하여 **1**과 섞는다.

3 잔에 붓고 기호에 따라 데코레이션을 올린다.

4 - 아이스 카페모카

재료 초콜릿 베이스 50g, 시럽 10g, 우유 160ml, 에스프레소 더블 샷(30ml ×2), 생크림

1 스팀피처에 초콜릿 베이스 50g을 넣는다.

2 시럽 10g과 추출한 샷을 넣고 젓는다.

3 얼음과 우유를 담은 잔에 **2**를 붓는다.

4 부드럽게 휘핑된 크림을 얹어 마무리한다.

2) 프라페frappe

프라페는 오랫동안 카페에서 사랑받고 있는 메뉴로서, 프랑스의 칵테일 용어로 부서진 얼음이 들어 있는 음료를 말한다. 미국에서 스무디smoothie라고 불렸으나 싼 음료라는 이미지가 있어서 프라페라는 말을 쓰기 시작했다. 스타벅스에서 프라페와 카푸치노를 합쳐 프라푸치노라는 상품명을 만들었다. 커피빈에는 아이스블렌디드라는 이름의 메뉴가 있다.

얼음과 음료의 비율 맞추기

프라페 계열의 음료를 만들 때는 음료와 얼음의 비율을 정확하게 맞춰야 한다. 비율이 정확하지 않으면 얼음이 제대로 갈리지 않거나 음료가 너무 묽어진다.

13온스 컵을 기준으로, 얼음은 컵을 가득 채울 양에 음료 약 250ml의 비율을 유지한다. 블렌더 볼에 한 스쿱 정도의 얼음(약 200g)을 담고 음료를 담았을 때는 얼음의 80%만 잠기도록 하면 된다.

얼음이 잘 갈리지 않을 때

| 뭉친 얼음 | 덩어리 얼음 | 잘 갈린 얼음 |

액체와 얼음의 비율을 잘 조정했음에도 불구하고 얼음이 잘 갈리지 않아 빨대로 잘 빨리지 않는다면 대체로 당 함량이 떨어지는 것이 원인이다. 이때 설탕이나 시럽을 첨가하면 얼음이 서로 미끄러지게 되어 뭉치지 않는다.

카페 실무 매뉴얼

1 - 모카프라페

재료 에스프레소 더블 샷(30ml × 2), 초콜릿 베이스 100ml,
초코소스 15ml, 찬 우유 50ml, 얼음 1스쿱

1 블렌더에 얼음, 에스프레소, 베이스, 찬 우유를 모두 넣는다.

2 30초간 간다. 얼음이 확실히 갈렸는지 확인한다.

3 컵에 옮겨담고 위에 장식용 초코소스를 드리즐한다.

◆ 에스프레소는 모아놓은 것을 사용해도 무방하다.
◆ 초코소스는 색을 내기 위해 블렌더에 들어간다.
◆ 덩어리 초콜릿이나 원두 2,3알을 같이 갈아도 좋다.

2 - 민트프라페

재료 에스프레소 더블 샷(30ml×2), 초콜릿 베이스 100ml,
민트시럽 2펌프, 찬 우유 50ml, 얼음 1스쿱, 민트 휘핑

1 블렌더에 얼음, 에스프레소, 베이스, 찬 우유를 모두 넣는다.

2 30초간 간다. 얼음이 확실히 갈렸는지 확인한다.

3 컵에 옮겨담고 위에 민트 휘핑을 올린다. 취향에 따라 민트시럽
을 드리즐한다.

3 - 블루베리요거트 프라페

재료 블루베리 베이스 80ml, 요거트파우더 40g, 레몬시럽 1펌프,
찬 우유 150ml, 얼음 1스쿱, 블루베리 약간

1 블렌더에 얼음, 시럽, 베이스, 찬 우유를 모두 넣는다.

2 30초간 간다. 얼음이 확실히 갈렸는지 확인한다.

3 컵에 블루베리 베이스를 담고 그 위에 **2**의 요거트를 붓는다.

4 블루베리를 위에 조금 올려준다.

3) 에이드ade

에이드란 전통적 의미로는 과즙에 물과 꿀이 들어간 음료다. 카페에서는 일반적으로 탄산수를 넣은 조제음료로 판매된다. 예전에는 파우더를 많이 썼기 때문에 재료상에 가면 20~30가지가 나와 있지만, 차별화를 할 수 없으므로 과육이나 과즙을 사용하는 게 좋다. 그러나 맛이 약해서 주스나 시럽으로 보강해야 할 수도 있다.

비가열 과일 베이스를 이용해서 만들 때 희석용으로 사용하는 것은 대부분 탄산수 혹은 사이다이다. 탄산수는 탄산수 제조기를 사용하면 비용은 저렴하지만 탄산이 약하기 때문에 원가에 문제가 크게 없다면 시판 탄산수 사용을 권한다. 사이다는 특유의 가향과 가당이 있으므로 탄산수와 비교해 결정한다.

1 - 레모네이드

재료 레몬 베이스 50ml, 얼음 8개, 탄산수 200ml,
레몬 슬라이스 3조각

레몬 베이스와 레몬 슬라이스를 넣은 아이스컵에 얼음과 탄산수
를 채운다.

◆ 신맛을 강조하기 위해 레몬 베이스나 즙을 다른 음료보다 더 넣고, 소금도
  아주 조금 넣는다. 대신 시럽은 넣지 않는 편이 좋다.
◆ 블루레모네이드를 할 경우, 블루큐라소를 약간 넣어 색을 내준다.

2 - 자몽에이드

재료 자몽 베이스 60ml, 얼음 8개, 탄산수 200ml,
자몽 슬라이스 2조각, 시럽 1펌프

자몽 베이스, 자몽 슬라이스 2장, 시럽을 넣은 아이스컵에 얼음과
탄산수를 채운다.

3 - 진저에일

재료 생강 베이스 60ml, 얼음 8개, 탄산수 200ml,
레몬 슬라이스 2개, 레몬시럽 2펌프, 생강 슬라이스 8~10개

생강 베이스와 준비된 시럽, 슬라이스를 모두 넣은 아이스컵에 얼음과 탄산수를 채운다.

◆ 사이다를 넣으면 생강 맛이 덜해지므로 단맛이 없는 탄산수를 넣는다.
◆ 레몬시럽의 레몬 맛이 너무 강하면 일반 시럽을 넣는다.

4) 차

베이스를 기본으로 하는 차는 만들기가 아주 쉽다. 베이스 일정량에 뜨거운 물만 부으면 된다. 과일차에는 과일 슬라이스 몇 조각을 띄워주면 좋다.

1 - 자몽차

재료 자몽 베이스 30ml, 자몽 슬라이스 2개, 뜨거운 물 200ml

자몽 베이스를 잔에 담고 자몽 슬라이스를 벽에 붙여 담은 뒤 뜨거운 물을 붓는다.

◆ 자몽 베이스를 차갑게 보관했기 때문에 90℃ 이상의 뜨거운 물을 사용하든 가 베이스를 전자레인지에 살짝 데워 찬 기운을 없앤다.

2 - 레몬차

재료 레몬 베이스 30ml, 레몬 슬라이스 2개, 뜨거운 물 170ml

레몬 베이스를 잔에 담고 뜨거운 물을 넣은 뒤 레몬 슬라이스를 띄운다.

◆ 레몬 베이스에서 펄프와 씨를 제거하지 않아야 천연으로 보인다.
◆ 신맛이 강하면 설탕을 미리 조금 넣어준다.

3 - 고구마라테

재료 고구마 베이스 30g, 우유 150ml

고구마 베이스를 잔에 담고 데운 우유를 1/3만 넣어 잘 갠 다음 나머지 우유를 붓는다.

◆ 고구마 베이스를 냉장 보관하기 때문에 전자레인지에서 살짝 데운 다음 작업해야 차갑게 느껴지지 않는다.
◆ 일반적인 음료보다 조금 더 달게 해야 고구마의 풍미가 살아난다.

4 - 로열밀크티

재료 밀크티 베이스 60ml, 우유 120ml, 꿀

1 밀크티 베이스, 우유를 스팀피처에 넣고 거품을 낸다.
2 잔에 부은 후 꿀을 드리즐한다.

5) 버블티

버블티는 대만에서 시작된 메뉴로, 카사바에서 추출된 전분으로 만든 타피오카 펄(타로라고 불리는 작은 알갱이)을 삶아 가미하여 음료에 첨가하는 메뉴이다. 이전에는 밀크티에 주로 넣었으나 근래에 들어서는 커피는 물론 과즙 음료에도 넣는 등 메뉴의 활용폭이 매우 넓어지고 있는 추세다. 몇 년을 주기로 유행을 반복하니 카페에서 관심을 갖고 활용하기 좋다.

타피오카 펄은 취급에 매우 세심한 주의를 필요로 한다. 카사바 전분의 특성상 삶은 후약 2~3시간이 지나면 딱딱해져서 식감이 나빠진다. 최소량을 만들어 최대한 빨리 소비해야 한다. 사용량이 적다면 삶은 타피오카 펄을 시럽에 재워 1회분씩 소분하여 냉동 보관한 후에 전자레인지로 해동하여 사용하는 방법도 있으나, 식감은 바로 삶아내는 것만 못하다. 삶고 보관하는 번거로운 과정을 없앤 즉석 타피오카 펄 제품들도 나오고 있으니 사용량이 많지 않다면 고려해볼 만하다.

1 - 버블밀크티

재료 밀크티, 타피오카 펄

잔에 준비한 타피오카 펄을 담고 밀크티를 넣는다.

재료 타피오카 펄 200g , 설탕(흑설탕) 30g

1 준비한 타피오카 펄의 약 5배 이상의 물을 끓인다.

2 물이 끓어오르면 타피오카 펄을 넣는다.

3 약 20분동안 눌어붙지 않도록 계속 냄비 바닥까지 저어준다. 불을 끄고 뚜껑을 덮은 뒤 약 20분 정도 뜸을 들인다.

4 체에 따르고 찬물로 헹군다. 철사로 된 체를 쓰면 타피오카 펄이 들러붙기 때문에 가능한 타공망 체를 사용한다.

5 용기에 옮긴 후 설탕을 넣고 잘 젓는다. 이 상태로 사용하거나 소분하여 냉동 보관한다.

11.

차 메뉴

커피를 전문으로 하는 카페에서 차 메뉴는 그리 중요하지 않다. 커피와 차 두 가지를 통해서 모든 손님을 만족시키겠다는 생각을 하기 쉽지만, 실제로 차를 찾는 손님은 커피를 좋아하지 않기 때문이지 차를 마시러 온 것이 아니다. 대체로 동행자가 있거나 공간 또는 휴식이 필요해 들르는 것일 뿐이다. 그러므로 커피를 전문으로 한다면 차까지 전문적으로 준비해야 할 이유는 없다. 다만 손님이 안심할 정도의 좋은 브랜드, 차맛을 해치치 않을 정도의 추출과 서비스면 충분하다. 다음의 조건들만 기억해두면 된다.

• 인지도를 갖춘 홍차나 녹차 제품을 구비한다.
• 서빙하는 다기는 품질이 좋고 제품과 어울리는 것을 준비한다.
• 홍차와 녹차는 물의 온도가 무엇보다 중요하다. 각각의 차에 적합한 추출을 한다.

차의 서빙

되도록 티백을 우려내기보다 티팟을 이용하여 잎차 자체로 제공하는 것을 추천한다. 티팟을 이용하기 어렵다면 잎차를 이용해서 티백을 제조하는 모습을 보여주는 것이 좋다.

1) 홍차

잎을 발효한 것이기 때문에 뜨거울수록 좋다. 온수의 온도가 매우 중요한데, 92~93℃ 이하에서는 떫고 추출도 제대로 안 된다. 96℃ 이상 뜨거운 물에 우려내야 잡맛이 덜해지고 맛이 명확해진다. 서빙할 때는 최대한 뜨거운 온도로 해야 한다. 잎차의 포장을 개봉한 후 시간이 지나면 산화하므로 종류를 제한하고 캔에 보관하면서 빠르게 사용해야 한다.

서빙 시에 조건이 허락한다면 티팟을 이용하고 티워머나 티코지tea cosy를 사용해서 홍차가 잘 우려질 수 있는 조건을 만들어주는 것이 좋다. 고객이 보기에도 전문적으로 보이기 때문에 유리하다.

2) 녹차

녹차는 덖는 것이라 카페인 변성이 덜 된 상태라서 90℃가 넘어가면 약처럼 쓴맛이 난다. 그런데 에스프레소머신에서 나오는 물이 95℃다. 그래서 얼음을 몇 개 넣은 상태에서 물을 받아서 85℃ 이하로 만드는 게 포인트다.

3) 허브티

온도가 크게 상관없다. 녹차 정도의 온도로 맞춰주면 된다.

12.

사이드메뉴

최근에는 음료 외에 기본적으로 사이드 메뉴를 몇 가지 갖추는 것이 트렌드가 되었다. 특히 이전의 와플이나 팬케이크 등의 플레이트 메뉴보다는 간단한 베이커리 중심으로 바뀌고 있다.

1) 원칙

• 메뉴 단가가 음료 단가의 1.5배 이상이 되지 않도록 한다.
• 다른 업체에서 사오는 재료를 쓰려면, 반드시 재가공을 해서 오리지널 메뉴처럼 보여야 한다.
• 폐기 비율을 고려해서 메뉴를 구성한다. 샌드위치를 하게 되면 생채소가 들어가는데 10~15개 정도 팔리지 않으면 버리는 게 많아진다. 그럴 때는 파니니나 감자샐러드처럼 생채소가 들어가지 않는 걸로 준비한다.
• 집에서 먹던 것처럼 만들려면 안 만드는 게 낫다. 상식적으로 생각하는 것보다 좀더 좋게 만들고 좀더 많이 주어야 한다.

2) 종류

베이커리

많은 카페에서 스콘이나 브라우니, 마들렌, 파운드케이크 등을 대부분 선보이고 있는데 여기에서 우리가 생각해봐야 할 부분들이 있다. 전통적으로 한·중·일의 동아시아 국가들은 '찐빵 문화권'이라고 불리는 지역이다. 딱딱한 식감보다는 부드러운 식감을 선호한다는 것이다. 카페의 베이커리 제품을 선정할 때도 이러한 부분을 고려해서 선정하는 것이 좋다.

이외에도 케이크, 샌드위치, 와플 등이 있다. 부담 없이 커피와 함께할 메뉴로 준비하되 사이즈가 큰 게 좋다. 근처 빵집에서 완성된 제품을 구입하거나 냉동 생지를 구입하는 방법도 있다. 냉동 생지는 인터넷 거래를 많이 한다. 1년에 5~6번씩 열리는 베이커리쇼, 카페쇼에서도 직접 맛보고 결정할 수 있는데 최대한 발품을 팔아야 한다. 가장 좋은 방법은 반죽부터 만들어 직접 굽는 것이다. 실제로 빵을 직접 구울 때 풍기는 향만으로도 고객 유치 효과가 있기 때문에 카페의 매출을 올리고 싶다면 충분히 고려해볼 만하다.

빙수

빙수는 전통적인 여름 아이템으로 여름철 카페 수익률 증대에 많은 도움을 준다. 어렵지 않게 손님에게 높은 퀄리티로 제공할 수 있는 메뉴이기도 하다. 그러나 점차로 빙수 전문점이 늘어나면서 트렌드에 민감해지고 있다. 최근에는 눈꽃제빙기나 고급빙삭기를 이용한 얼음을 베이스로 토핑을 단순화한 빙수가 인기를 끌고 있다. 따라서 일반적인 빙수들로는 차별화하기 쉽지 않으므로 비슷비슷한 제품을 만들어내는 것보다는 우리 카페 만의 개성이 가득한 제품을 손님에게 선보이는 것이 좋다.

FAQ

Q. 계절에 따라 잘 팔리는 메뉴가 있나?

일반적으로 겨울 매출이 가장 적다. 너무 추우면 아예 밖에 나와 있는 시간이 줄기 때문이다. 그래서 메뉴 개발은 뜨거운 음료보다 찬 음료에 집중해야 한다. 시원하고 달콤한 음료를 다양화해야 하는 이유다. 추울 때는 그나마 카페라테를 많이 찾는데, 이때 가장 중요한 것은 커피가 아닌 거품의 질이다.

Q. 맛있는 원두는 어떻게 구하나?

제일 좋은 것은 스스로 로스팅하는 것이다. 그러나 가능하지 않을 경우, 공급하는 곳에서 받는 수밖에 없다. 대형업체의 장점은 매우 싸고, 품질이 안정적이라는 것이다. 그러나 고품질일 가능성은 적고, 내가 원하는 대로 맛을 조절할 수는 없다. 그렇다면 대안이 될 수 있는 것은 중규모업체나 주변의 로스터리숍과 협력관계를 맺는 것이다. 자기가 원하는 대로 주문생산이 가능하다.

공급처를 선택할 때는 실제로 샘플을 받아보고 맛을 보고 결정해야 한다. 무엇보다 자신의 음료에 맞는지를 확인하는 것이 중요하다. 자기가 만들려는 제품으로, 실제 판매할 형태로 다 만들어봐야 한다. 에스프레소만 마셔봐야 소용없다. 부족한 점이 있으면 공급업체와 상의해서 조정해야 한다. 안정적인 공급을 원한다면, 어느 정도 역사를 가지고 있는 업체가 유리하다.

Q. 커피는 뜨거울수록 좋은가?

너무 뜨겁지 않은 게 좋다. 모든 음료는 65℃에서 70℃ 사이에 서빙하도록 돼 있다. 소비자가 화상을 입지 않도록 하는 것이 점주의 책임이기도 하지만, 좀더 정확히 설명하면 70℃가 단백질 변성온도이기 때문이다. 70℃가 넘으면 혀가 데는 온도인데, 미뢰들도 숨어버려 아무 맛도 못 느끼게 된다. 펄펄 끓는 해장국이 싱겁게 느껴지는 이유가 바로 이것이다. 그러나 먹다보면 점점 짠맛을 느끼는데 온도가 내려가면서 비로소 미뢰가 활동하기 때문이다. 커피는 미온일 때 좋은 맛을 낸다. 70℃ 미만에서는 약간 단맛도 느껴진다.

Q. 커피와 비 커피 음료의 비중이 얼마나 되어야 하나?

커피가 60%, 비 커피가 40%가 일반적이다. 그래야 매출에서 원가 보존 비율이 높다. 그러나 초기에는 비 커피 음료가 '미끼상품'으로 60% 정도가 된다. 주변에 카페가 많으면 과일이나 초콜릿 음료, 그동안 보지 못했던 메뉴로 손님을 끌어야 한다. 김밥집 옆에 새로운 김밥집이 생겼다고 김밥을 맛보러 오지 않기 때문이다. 그러나 시간이 지날수록 조금씩 비 커피 음료의 비율이 커피의 비율로 바뀌어나가게 된다.

Q. 아예 몇 가지 커피로만 메뉴를 구성하는 건 어떤가?

직장인이 많은 지역에서 커피의 판매율이 높은 건 사실이지만, 다르게 생각해보면 커피만 팔린다는 건 그 카페에 특색이 없다는 것이다. 또한 커피가 아닌 음료는 손님이 문턱을 넘어오는 계기가 된다. 그래서 비 커피 음료가 많이 팔리면 매출이 잘 나온다. 정성을 들여서 카페의 색깔을 드러내는 음료를 손님들이 찾기 때문이다. 음료 중에서 몇 개를 골라서 특별하게 개발하는 게 중요하다. 경쟁력이라는 건 아이디어와 정성의 양이다. 손님은 전문가가 정성들여 만들어주는 걸 먹으러 온다는 걸 명심해야 한다.

Q. 신선한 제철 과일을 갈아서 냈더니 맛이 없다. 왜 그럴까?

키위 주스를 키위만 갈아서 만들면 우리가 흔히 마셨던 그 맛이 아니고 풀맛이 나기까지 한다. 딸기만 갈아서 주스를 만들어도 싱거워서 마시기 힘들다. 왜냐하면 키위시럽과 딸기시럽이 빠져 있기 때문이다. 손님 입장에서는 익숙한 맛이 아니면 거부감을 일으키는 게 당연하다. 그럴 때는 주인의 '고급스러운' 취향에 손님의 입맛을 맞추지 말고, 향시럽을 사용하는 것도 고려해야 한다.

한편 사과와 자두는 껍질이 두꺼우므로 오래 갈아야 하지만 딸기처럼 무르고 씨가 많은 과일은 너무 오래 갈면 씨가 부서지면서 떫거나 아린 맛이 날 수 있다. 맛을 위해 키위와 바나나를 섞기도 하고, 갈변하는 사과는 조려서 쓰는 카페도 있다. 그러므로 과일 주스를 만드는 데도 여러 번 실험이 필요하다. 다시 말하면 우리 카페만의 개성을 살린 특별상품이 될 수도 있다는 뜻이 된다.

Q 카페에서 술을 팔려고 하는데 어떨까?

우선 술을 팔려면 휴게음식점이 아니라 일반음식점으로 등록을 해야 한다. 무엇보다 먼저 고려해야 할 점은 술이 주가 되면 카페의 정체성에 혼란이 생길 수 있다는 것이다. 현실적으로 술 메뉴는 예상과 달리 수익이 많이 남지 않는다. 또한 술손님들은 요구사항이 많은 편이고 이들이 모이면 카페도 시끄러워져서 커피 손님이 점차 발길을 끊게 된다. 그러므로 술로 특화할 것이 아니면 아예 다루지 않는 게 낫다. 커피에 리큐르를 섞어서 내는 음료도 그닥 인기가 있지 않으니 고민하지 않아도 된다.

III
바 관리

1.

바 관리에 관한 몇 가지 원칙들

아무리 바빠도
꼭 하라

위생 관리는 귀찮은 일이다. 해도 안 해도 표가 안 난다. 그러나 염두에 두어야 할 게 있다. 재료가 가진 맛보다 음식 맛을 낮게 만드는 방법은 없다. 재료 맛을 해치지 않으려면 오염된 식기와 오염된 기구를 사용하지 않으면 된다. 깨끗하게 관리된 기구와 조리시설에서는 음식이나 커피의 맛이 나빠지지 않는다. 청소는 어렵고 복잡한 대신 남들이 쉽게 할 수 없는 일이기도 하다. 그렇기 때문에 위생기준 자체가 경쟁력이 된다. 슬픈 현실이지만, 위생규정을 제대로 지키는 곳은 전체의 5~10%에 지나지 않는다. 위생상태만 완벽하게 유지해도 당장 상위 10% 안에 들어갈 수 있다.

하루도 빼먹으면
안 된다

카페 관리도 선수들의 운동과 같아서 하루를 쉬면 내가 알고, 이틀을 쉬면 동료가 알고, 사흘을 쉬면 손님이 알게 된다. 결국 쉬는 만큼 일이 두 배가 되고 세 배가 된다. '하면 더 깨끗해진다'가 아니라 '안 하면 더 나빠진다'는 것이다. 바 관리는 매일 정해진 원칙에 따라 하는 것이다. 그리고 반드시 스케줄표를 만들어두고 지키도록 노력해야 한다. 청소는 한번 시기를 놓치게 되면 찌꺼기와 때가 계속 쌓이기 마련이다. 예전의 노력으로는 제거할 수 없다.

직원에게는 내가 안 하면 다른 누군가가 반드시 하게 된다는 걸 가르쳐야 한다. 체크리스트를 만들어서 완수하지 않으면 업무가 마감되지 않는다는 것을 인식시키라. 누구든 그 업무를 맡으면 마지막 작업은 '바 관리'라는 것을 당연하게 여기도록 해야 한다.

식자재만 잘 관리해도
원가를 절감할 수 있다

위생도 중요하지만 점주의 입장에서는 식자재 관리야말로 원가 절감을 위한 가장 확실한 방법이다. 재고의 수량을 정확히 파악해 버려지는 양을 최소화하다보면 그 덕에 위생도 자연스레 확보되는 것이다. 실제로 냉장고 안에 무엇이 들어 있는지 전혀 신경 쓰지 않고 있다가 중복 발주를 하거나 유통기한이 지난 것을 발견하는 일이 허다하다. 그때그때 확인하고 생각보다 재고가 많은 재료들이 있다면 그걸 이용한 프로모션 메뉴를 개발하거나 관련 메뉴를 할인하는 등 재고 소진에 힘을 써야 한다. 업장에서는 유통기한이 지난 재료를 사용하다 적발되면 무조건 영업정지다. 점주가 자의적으로 판단할 문제가 아니다.

신선한 재료일수록 맛이 있는 법이다. 오래된 재료를 사용했는데 탈이 안 났다고 다행이라는 생각을 하면 안 된다. 오래된 재료를 사용하면 당연히 오래된 맛이 난다. 그 맛을 좋아할 손님은 없다.

공무원은
조력자다

구청 위생과에서 불시에 단속을 나올 수가 있다. 우선 서류부터 점검을 하니, 등록증, 영업허가증, 보건증 등 모든 서류를 일목요연하게 볼 수 있도록 철해두어야 한다. 서류에 이상이 없으면 큰 문제가 없다. 점검 시 냉장고를 열어서 식자재의 유통기한을 확인하고, 원

산지가 중요한 식품이라면 원산지 검사도 한다. 공무원들을 피하려고 하거나 그들과 싸우려고 하지 말고 조력자로 충분히 활용해야 한다. 점검 시 적극 협조하고, 지도 조언을 받는 편이 이익이다. 궁금한 것이 있으면 미리미리 구청에 전화해서 물어보는 습관을 갖도록 하자.

2.

식자재

우유, 시럽, 소스, 파우더 등 카페에서는 수없이 많은 재료를 사용한다. 잘 나가는 재료, 안 나가는 재료가 섞여 있기 때문에 하나하나 개별적으로 상태를 봐가면서 대응하면 자칫 관리의 허점이 생길 수 있다. 모든 관리는 스케줄표를 통해서 일괄적으로 해야 빠뜨리는 일이 없다.

대부분의 카페에서는, 어지간히 장사가 안 되는 곳이 아니라면, 그때그때 재료가 사용되기 때문에 오래된 재료를 써서 문제가 되는 경우는 거의 없다. 다만 재료를 담는 통이나 펌프, 재료를 가공하는 기구 등이 깨끗하지 않으면 오염이 발생하고, 그것이 고스란히 맛에 반영된다는 점을 명심해야 한다.

1 - 우유

보관

4℃로 세팅된 냉장고에 보관하며 매일 오전 유통기한을 확인하고 유통기한 지난 우유는 폐기한다. 늘 적정 재고량을 유지하도록 신경 써야 한다. 우유가 새로 입고되면 안쪽에 채우고 남아 있는 우유를 바깥쪽에 놓는다.

사용법

- 우유는 지방이 신선할수록 거품이 곱게 유지되고 조금이라도 상하게 되면 거품이 나지 않는다. 우유가 들어간 메뉴를 맛있게 하는 방법은 신선한 우유를 사용하는 것이다.
- 스팀피처에 남은 우유는 절대로 재사용하지 않는다. 단백질은 오래 가열하면 할수록 딱딱해진다. 라테를 마셨을 때 분유 같은 냄새가 나고 입안에 가루가 느껴지면 우유를 재사용한 것이다. 또한 70℃까지 가열된 우유가 식는 데도 시간이 오래 걸린다는 걸 기억하자.
- 70℃를 넘기면 단백질 변성이 이루어져 우유 거품이 거칠어지고 비린내가 나며, 손님이 화상을 입을 위험이 높아진다.
- 우유가 맛있는 온도는 54~55℃이지만 손님 입장에서는 좀더 뜨거운 상태를 원하므로 66℃ 이상 70℃ 미만의 온도에 맞춰 손님에게 낸다.

2 - 시럽

보관

퇴근할 때 펌프가 꽂힌 상태로 냉장고에 넣어둔다. 테이블 냉장고
의 경우 문 앞쪽에 두면 된다.

펌프 청소 (주 2회 이상, 가능하면 매일)

1 연결 부위를 빼서 흐르는 물
에 헹군다.

2 70~80℃의 물에 30분 정도
담가서 주둥이에 굳은 시럽
을 녹인다. 내부를 분해할 수
없으므로 뜨거운 물에 담근
채로 물이 통과하도록 20회
펌프질한다. 다시 깨끗한 물
로 갈아 20회 펌프질한다.

3 물기를 제거한 후 잘 말려서
사용한다. 완전히 말리지 않
으면 수분에 의해 곰팡이 등
세균이 번식한다.

병 청소 (주1회)

병을 재활용해야 하는 경우 내용물을 완전히 비우고 깨끗이 씻어
말린 후 사용한다.

3 - 소스

요즘은 합성보존료가 들어 있지 않은 제품이 많아서 부패할 가능성이 높아 냉장 보관하고 빨리 사용하도록 한다. 10일에 한 통을 다 못 쓸 만큼 적게 사용한다면, 펌프보다 작은 소스튜브에 옮겨담는다. (푸어러나 계량컵을 사용해도 된다.) 튜브에 태그를 붙여 주입날짜와 폐기날짜를 표시해둔다. 소분한 튜브는 가능한 일주일 내에 사용하고, 일주일이 넘으면 남았더라도 폐기하고 세척한다. 소분하지 않은 본체는 냉장 보관하고 유통기한과 상관없이 개봉을 했다면 개봉 후 한 달 이내에 소진하도록 한다.

튜브 뚜껑 청소 (격일)

1 소스가 남아 있으면 튜브의 뚜껑을 분리하고 열린 부분에는 먼지가 들어가지 않도록 티슈로 덮어놓는다.

2 뚜껑을 80℃ 정도의 뜨거운 물에 담가 굳은 소스를 녹여낸다.

3 흐르는 물에 잘 헹군 뒤 완전히 말려 사용한다.

튜브 청소 (주1회)

내용물을 완전히 비우고 깨끗이 씻어 말린 후 사용한다.

펌프 청소 (주 2회 이상)

사용량이 많은 매장은 소스통에 소스 펌프를 직접 부착해서 사용할 수 있다. 이 경우에 개봉한 소스는 10일 이내에 사용하고, 소스 펌프는 가능한 자주 청소한다.

1 분해할 수 있는 것들을 모두 분해하고, 중간 부분도 풀어서 스프링을 꺼낸다.

2 주둥이 부분도 분해해 70~80℃의 물에 30분간 담가놓는다.

3 흐르는 물에 하나씩 잘 헹군다.

4 분해한 상태로 물기를 잘 말려 사용한다.

4 – 파우더

보관

1 통 오염을 방지하기 위해 위생비닐을 넣고 그 안에 파우더를 담는다. 비닐은 한 번 사용하고 버린다.

2 플라스틱보다는 빛이 안 통하는 금속이나 도기 제품이 좋다.

통 청소 (주 1회)

내용물을 비우고 습기에 굳어버린 때를 제거한다.

5 – 매장 내 식수

플라스틱 통에 담아 곳곳에 식수를 배치하는 경우, 얼음을 충분히 넣어서 온도를 낮게 유지하며, 두 시간이 넘으면 대장균이 번식할 수 있으므로 폐기하고 새로 준비하여 배치한다. 얼음을 추가하면 좀더 오래 보관할 수 있다.

◆ 대장균은 18℃에서 20분마다 그 수가 제곱으로 늘어난다. 온도가 높으면 그 시간은 상상을 초월할 정도로 짧아진다.

3.

개점 준비

개점 준비는 손님을 맞을 준비를 하는 과정이다. 또한 당일 판매될 음료와 제품이 제대로 만들어질 수 있도록 준비하는 과정이기도 하다. 에스프레소머신이 제대로 작동하며 언제나 같은 컨디션으로 유지되고 있는지, 커피가 제대로 추출되는지를 확인해서 전날의 커피와 같은 수준으로 제공될 수 있게 해야 한다. 음료를 만드는 부재료와 청결을 유지할 수 있는 도구들도 미리 준비해야 한다.

1 – 스위치 켜기

지침 스위치를 켜는 것은 매장 개점 시 근무자가 출근 후 가장 먼저 해야 하는 일이다.

1 컴퓨터(포스) 전원을 작동시킨다.
2 블렌더 전원을 작동시킨다.
3 쇼케이스의 램프 스위치를 켠다.
4 기타 전열기구 스위치를 켠다.

2 – 포스 실행 및 개점 등록하기

지침 포스를 실행하여 개점과 시재를 등록하고 곧바로 주문 가능하도록 영업 준비를 한다.

영업메뉴 → 개점 등록 → 확인을 눌러 개점을 등록한다.

3 – 냉난방기 켜기

지침 실내외 온도를 비교 측정하여 매장 내부의 온도를 적절하게 유지시킨다.

1 매장 외부의 온도 및 습도, 날씨 상태를 확인한다.
2 리모컨으로 냉난방기의 스위치를 작동시킨다.
3 냉방은 외부의 온도와 5℃ 이상 차이 나지 않도록 온도를 설정한다.
4 필요 시 제습, 송풍으로 내부 공기를 쾌적하게 한다.

4 – 실내등 켜기

지침 실내등을 켜서 영업 준비를 하고 전구 불량 등을 확인하여 필요 시 전구를 교체한다.

1 각각의 스위치를 켜고 전구를 직접 눈으로 보고 불량이 있는지 확인한다.
2 불량이 있을 경우 전구의 종류를 파악하고 교체한다.

5 – 행주 빨래

지침 행주는 전일 정해진 세제에 담가놓은 것을 당일 사용할 수 있도록 준비한다.

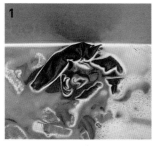

1 마감 후 바 청소를 마치면 세제를 푼 물에 행주를 담가두고 퇴근한다. 물과 락스를 락스 500:1 비율로 희석해 살균이 이루어질 수 있도록 한다. 희석 비율이 높으면 물빠짐이나 섬유 해짐이 일어날 수 있으므로 비율을 지키도록 한다.

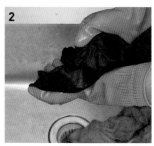

2 아침에 세제와 물을 버리고 미온수로 거품이 나오지 않을 때까지 손빨래를 한다.

3 물기를 꼭 짜낸 뒤 바로 사용이 가능하도록 접어서 원위치에 놓는다.

◆ 세제가 담겨 있기 때문에 반드시 고무장갑을 착용한다.
◆ 행주는 스팀용, 잔 세척용, 테이블용 등으로 나눠 사용한다.
◆ 세탁기를 사용할 경우에는 섬유유연제를 사용하지 않고 세탁하고, 헹굼 시에 물과 락스를 500:1 비율로 희석하여 살균한다.

6 - 에스프레소머신 워밍업

지침 세제에 담긴 포터필터 및 부품을 세척하고 머신을 작동시켜서 영업 준비를 한다.

1 세제 푼 물에 담긴 포터필터, 샤워스크린, 바스켓, 스팀팁 등을 깨끗하고 부드러운 수세미로 닦고 헹군다.

2 샤워스크린을 머신에 장착한다.

3 포터필터를 조립한 후 머신에 장착하고 고온수를 흘려서 포터 필터의 온도를 높여준다.

4 스팀팁은 정해진 도구를 이용하여 스팀노즐에서 풀리지 않을 정도로 결합한다.

5 왼쪽 윗바늘(보일러 압력계)이 1기압인지(0.1기압이 오르면 보 일러 온도는 2℃씩 상승), 아랫바늘(추출 압력계)이 작동 시 9기 압인지 확인한다. 아랫바늘은 평상시에는 수도의 압력인 2~4기 압으로 표시된다. 오른쪽 수위계는 최대치와 최소치의 중간이 면 문제 없다.

◆ 에스프레소머신 세팅에 문제가 있으면 관련업체에 연락한다.

7 – 그라인더 확인

지침 굵기를 확인한 후 조정해서 최고 상태의 커피로 고객에게 제공될 수 있도록 한다.

1 그라인더에서 커피 약 50g을 분쇄하여 폐기한다. 전날 기계 안에 남아 있는 커피를 제거해서 나쁜 맛을 없애기 위함이다.

2 폐기 후 새로 분쇄한 커피를 사용해서 추출한다.

3 추출된 커피의 온도, 양, 추출속도를 기록하고 맛을 본 다음, 커피의 분쇄도, 분쇄된 커피의 양, 추출온도, 추출량을 조정한다. 단, 도징 과정은 동일하게 한다.

◆ 최고 상태의 커피가 추출될 때까지 기록과 평가를 반복한다.
◆ 추출이 정해진 시간보다 빠를 경우 굵기를 가늘게 한다. 추출이 정해진 시간보다 느릴 경우 굵게 한다.
◆ 굵기를 변경할 때마다 약 30g을 갈아서 버린 다음 굵기 변화가 적용된 커피가루로 추출을 한다.

8 - 부재료 확인

지침 영업 전에 필요한 부재료 중 부족한 것이 있으면 채워놓고 상태를 체크하여 신선한 재료만이 메뉴에 나갈 수 있도록 준비한다.

부재료(시럽, 소스 등)의 양과 상태를 확인한 후 폐기해야 할 것과 만들어야 할 것을 파악한다. 부재료를 만들기 전에 부재료가 담겨 있던 용기를 비운 뒤 세척을 하고 깨끗하게 말린다. 새로 만든 부재료는 깨끗이 세척해놓은 용기에 담아 소분일자와 폐기일자가 표기된 태그를 붙이고 정해진 위치에 보관한다.

9 - 테이블과 의자 정리

지침 테이블 및 의자의 위치를 조정하고, 파손상태를 확인하며 오염물질을 세척해서 청결을 유지한다.

1 의자의 위치를 조정하고 파손 상태를 확인한다. 파손 물품이 있으면 교체하거나 수리한다.

2 별도의 깨끗한 행주로 테이블과 의자에 묻어 있는 먼지와 오염물질을 깨끗이 닦아낸다.

10 – DP선반 청소

지침 DP선반은 상품 판매용 선반으로 손님들이 직접 제품을 보는 곳이므로 항상 청결을 유지한다.

1 선반 위에 놓인 제품을 모두 치운다.
2 깨끗한 젖은 행주로 먼지를 닦고 물기 없는 행주로 다시 한번 닦는다.
3 포장된 제품 겉면의 먼지를 닦아내어 진열하고 오래된 커피는 폐기한다.
4 진열된 잔에 먼지가 많이 쌓여 있으면 설거지한 다음 물기 없이 말리고 나서 다시 진열한다.

11 – 일회용품 확인

지침 일회용품은 컨디먼트 바와 같이 매장 내에서 사용되는 용도로 비치하며 지정된 위치에 보충해서 테이크아웃 시 바로 사용이 가능하도록 한다.

1 일회용품의 비치상태를 확인한다.
2 부족한 일회용품은 즉시 채운다.
3 재고가 부족한 물품이 있다면 체크해서 구입한다.

4.

청소와 마감

바에서 하는 청소는 당연히 위생을 유지하려고 하는 것이지만, 청소를 통해 기계가 좋은 컨디션으로 유지된다는 효과도 얻을 수 있다. 습기를 정기적으로 제거함으로써 곰팡이나 녹이 발생하지 않도록 하기만 해도 기계의 수명이 늘어난다. 관리와 수리도 수월해지고 아울러 오랜만에 청소할 때의 부담감도 없앨 수 있다. 냉장고, 블렌더, 빙삭기, 제빙기 등의 기계는 알코올 스프레이나 염소계 소독제 등으로 청소하면 더욱 위생적으로 관리할 수 있다(청소용 용액은 240쪽 참조). 기계와 용기에 커피의 기름때가 쌓이면 커피에서 나쁜 맛이 나게 되니, 메뉴의 품질을 높이기 위해서라도 정기적인 청소는 필수다.

카페 실무 매뉴얼

1 - 설거지

지침 마감청소 시간에는 용기까지 모두 세척을 한다.

절차

1 마감시간이 지나서 고객이 모두 퇴장하면 고객들이 사용했던 잔 및 플레이트를 회수해서 설거지하고 정해진 위치에 놓는다.

2 영업시간 동안 사용되었던 컨디먼트 바의 물병, 시럽병 등을 설거지한다.

3 트레이를 확인해서 오염물질을 발견했다면 설거지하고 목재 트레이라면 재질의 특성상 물기를 완전히 말린 후 정해진 위치에 놓는다.

1 잔을 떨어뜨리지 않게 손잡이를 꼭 잡고, 손잡이를 잡은 손을 돌리면서 입이 닿는 부분을 닦는다.

2 뒤집어 바닥을 단번에 닦는다.

3 흐르는 물에 헹군 다음 말린다. 물자국을 없애려면 린넨으로 닦는다.

◆ 수세미를 2개 준비하고 하나는 우유 묻은 식기 전용으로 사용한다. 우유의 단백질과 지방이 남아 있는 수세미로 물컵을 닦으면 비린내가 나게 된다.

◆ 업장의 설거지는 흐르는 물을 많이 사용해서 세제를 최대한 씻어내야 한다.

2 - 매시간 정리

– 주문이 없는 시간에 에스프레소머신 주위를 정리한다. 특히 추출구 뒤 벽면은 커피를 내리는 중에는 잘 안 보이지만, 바 밖에 있는 손님에게 는 잘 보인다. 손님의 입장에서 바라보고 청소할 부분을 체크한다.

Tip

일반적으로 음료를 저어주는 바 스푼은 물을 담은 통에 넣어두고 쓰는데, 2시간마다 물을 교체해 야 한다. 이런 불편을 없애려면 디포웰이라는 바스푼워셔를 구입 하자.

– 그라인더 주변에 남아 있는 커피가루는 브러시를 이용해 청소한다.
– 머신의 벽면, 바닥, 냉장고 표면을 젖은 유색 행주로 닦아서 오염물이 없도록 유지한다.
– 냉장고 표면을 깨끗이 닦아 바 안이 오염되어 보이지 않게 한다.
– 유리 청소용 스프레이와 극세사 마른 수건을 이용해 쇼케이스의 상판- 문-문틈-바닥 순으로 닦아낸다. 항상 먼지와 지문이 없도록 관리한다.

3 - 매일 마감 청소

수동 그라인더

지침 에스프레소 그라인더는 매일 깨끗하게 청소해서 항상 균일한 커피입자로 분쇄되도록 한다.

1 호퍼 스토퍼를 이용해 커피가 더 이상 그라인더로 들어가지 않게 한다.

2 호퍼를 분리한 다음 호퍼에 남은 커피를 보관통에 옮기고 그라인더에 남은 소량의 커피도 스푼을 이용해 보관통에 옮긴다. 커피가 밤새 공기와 접촉하여 산화되는 것을 방지하기 위함이다.

3 그라인더 안에 남은 커피는 한 잔 분량이 안 된다. 손으로 위를 막고 그라인더를 작동시켜 남은 커피를 갈아낸 후 버린다.

4 손바닥으로 투입구를 2번 쳐서 안에 남은 커피가루를 제거한다. 남은 가루는 브러시를 이용해 청소한다.

 **5** 도저에 남아 있는 가루를 빼낸다. 중간중간 브러시를 이용해 내부에 남은 커피를 제거한다.

 **6** 주변에 떨어져 있는 먼지들을 브러시를 이용해 청소한다.

 **7** 호퍼는 스펀지에 중성세제를 묻혀서 기름기를 닦아낸다.

 **8** 에스프레소머신의 털이통(덤프바스켓)을 꺼내서 설거지를 하고, 커피케이크는 일반쓰레기로 버린다.

◆ 호퍼를 청소하지 않으면 기름이 찌들게 되는데, 이 기름 냄새 때문에 새로운 커피를 넣어도 오염된 냄새가 날 수 있다. 항상 신경 써서 청소를 거르지 않아야 한다.

자동 그라인더

지침 에스프레소 그라인더는 매일 깨끗하게 청소해서 항상 균일한 커피입자로 분쇄되도록 한다.

1 호퍼 스토퍼를 이용해 커피가 더 이상 그라인더로 들어가지 않게 한다.

2 호퍼를 분리한 다음 호퍼에 남은 커피를 보관통에 옮기고 그라인더에 남은 소량의 커피도 스푼을 이용해 보관통에 옮긴다. 커피가 밤새 공기와 접촉하여 산화되는 것을 방지하기 위함이다.

3 그라인더 안에 남은 커피는 한 잔 분량이 안 된다. 손으로 위를 막고 그라인더를 작동시켜 남은 커피를 갈아낸 후 버린다.

4 에어블로워 등을 이용해서 안에 남은 커피가루를 제거한다. 남은 가루는 브러시를 이용해 청소한다.

5 주변에 떨어져 있는 먼지들을 브러시를 이용해 청소한다.

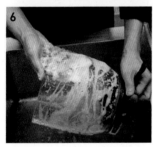

6 호퍼는 스펀지에 중성세제를 묻혀서 기름기를 닦아낸다.

에스프레소머신

지침 에스프레소머신은 영업 마감시간 후에 정해진 순서대로 꼭 청소해서 항상 최상의 상태를 유지한다.

1 포터필터에서 필터 바스켓을 분리하고 블라인드 바스켓(제조사에서 청소용으로 제공하는 구멍이 나 있지 않은 바스켓)을 장착한다.

2 계속 물을 흘리는 상태에서 브러시를 이용해 샤워필터와 개스킷 사이에 남은 찌꺼기를 제거한다.

3 바스켓에 청소약품 반 티스푼을 넣는다.

4 바스켓을 장착한 뒤 10초간 작동하고 다시 30초를 쉬어준다. 10초간 물이 나와 약품을 녹이고 나면, 전원을 끄는 순간 물이 역류하여 관에 약품을 칠해서 30초간 커피 때를 제거할 시간을 주는 것이다. 10초 작동, 30초 휴지를 5회 이상 실시한다. (자동청소 기능이 있으면 적극적으로 활용한다.)

5 포터필터를 빼서 내부의 약품이 다 녹았는지 확인한다. 다 녹은 상태가 되면 다시 물을 흘려주면서 브러시로 남아 있는 먼지들을 제거한다. 최근에 나온 머신들은 대부분 청소 사이클을 자동으로 반복하는 기능이 있어서 일일이 버튼을 누르지 않아도 된다. 블라인드 바스켓에 약품을 넣고 결합한 상태에서 자동 청소 기능을 실행하면 간편하게 청소가 끝난다.

6 물 흐르는 걸 보면서 샤워스크린이 깨끗한지를 확인한다. 이때 물 흐름이 고르지 않아 한쪽으로만 나오면 샤워스크린이 막힌 것이니 분해해서 확인하고 문제가 있으면 수리를 맡겨야 한다.

7 스팀완드를 행주로 닦아준다.

8 깨끗한 물을 담은 스팀피처에 스팀완드를 꽂고 스팀을 작동한다. 스팀완드를 물에 담근 채로 두면 물이 안쪽으로 빨려들어가 내부의 찌든 때를 불려준다. 전용세제가 있으면 사용한다.

9 스팀완드를 머신 안쪽으로 구부린 후 스팀을 작동하여 빨려들
어간 물을 밖으로 빼낸다.

10 분해한 포터필터는 오염이 되어 있기 때문에, 내부의 모든 기
름때를 제거한다. 흐르는 물에 주방세제 묻힌 스펀지로 가볍게
닦아낸다.

11 바스켓도 같은 방법으로 씻은 뒤 마른 행주로 닦고 머신에 결
합한다.

12 트레이를 뺀다. 흐르는 물에 설거지를 하는데, 너무 커서 싱크
대에 들어가지 않으니 돌려가면서 닦는다. 트레이 망과 바닥을
골고루 씻어준다. 행주로 물기 제거한다.

◆ 에스프레소머신 청소약품은 커피 도매상에서 구매하는데, 과탄산 계열에 계면활성제가 섞인 것으로 커피 기름때가 잘 닦인다.

◆ 이 청소를 하지 않으면 물이 흐르는 내부 관에 커피 찌꺼기가 쌓여 결국 막혀버린다. 또한 찌꺼기가 상하게 되어 커피에서 잡냄새(고무 탄내, 타이어 탄내)가 난다.

◆ 자동청소 기능이 있으면 설명서를 참조해서 활용하자.

◆ 포터필터는 상처가 나면 때가 잘 끼므로 녹색수세미나 철수세미는 절대 사용하지 않는다.

냉장고

지침 테이블 냉장고는 음료로 오염되기 쉽고 바닥과 가깝기 때문에 내외부를 깨끗이 닦아서 청결하게 유지한다.

1 젖은 유색 행주로 상판의 얼룩을 제거하고 손잡이도 닦는다.

2 문을 열고 문 상단과 패킹을 꼼꼼히 닦는다. 청소하는 동안 소독 액을 골고루 뿌려서 세균 및 곰팡이를 제거한다.

3 문 안쪽의 물기를 제거한다.

4 문의 패킹이 닿는 부분의 물기를 제거한다.

5 바닥면의 물기를 제거한다.

6 냉장고 전면의 오염물을 제거한다.

◆ 패킹과 패킹 닿는 부분의 물기 제거하지 않으면 곰팡이의 온상이 된다.
◆ 내부 바닥의 물을 닦아내지 않으면 세균이 번식하여 냉장고 오염의 주원인
이 된다.
◆ 간랭식 냉장고는 측면 기계실의 팬이 찬바람을 불어주므로 냉장실 안에 물
이 잘 안 생긴다. 반면 직랭식 냉장고는 차가운 관이 지나가기 때문에 성에
가 껴서 물이 자주 생긴다. 한 달에 한 번 이상은 냉장고를 비우고 내부에 생
긴 성에를 제거한다. 건조 후 재작동시켜서 냉장고 성능을 유지해야 한다.
◆ 한 달에 한 번 정도는 기계실을 열어서 냉각판에 붙은 먼지를 제거한다.

드립 그라인더

지침 사용 중 발생한 커피 찌꺼기와 외부의 먼지를 청소하고 항상 신선한 커피가 그라인딩될 수 있도록 유지한다.

1 그라인더에 사용된 그라인더 받침, 계량스푼, 용기를 씻는다.

2 그라인더 외부의 먼지를 육안으로 확인하여 깨끗한 행주로 물기가 남지 않게 닦아낸다.

3 전용 솔을 이용하여 그라인더 날과 스크린을 청소한다.

4 물기가 거의 없는 행주를 이용하여 남아 있는 커피 찌꺼기를 닦아낸다.

5 설거지한 받침, 계량스푼, 용기에서 물기를 완전히 뺀 후 원위치시킨다.

스팀피처

지침 스팀피처는 고온의 우유가 식는 과정에서 모서리마다 달라붙어 굳기 때문에 마감청소 시간뿐만 아니라 항상 꼼꼼히 세척해서 청결을 유지한다. 영업 중에는 물로 가볍게 헹궈 사용한다.

1 싱크대 배수구를 막고 스팀피처를 눕혀서 담은 다음 세제를 뿌리고 스팀피처가 잠길 때까지 뜨거운 물을 받는다.

2 10분 후 싱크대 물을 빼내고 흐르는 물에 수세미와 뾰족한 청소 도구를 이용해서 우유 찌꺼기를 제거한다.

3 마른 행주를 이용해서 물기를 제거하고 정해진 위치에 놓는다.

블렌더

지침 블렌더는 사용 중에 음료가 튀어서 마개 등에 많이 묻기 때문에 하루에 한 번 세척해서 청결을 유지한다.

1 모터 위의 고무를 분리한다.

2 고무를 뜨거운 물에 약 10분간 담가놓는다.

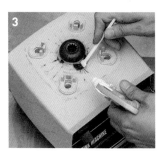

3 모터 본체는 깨끗한 행주와 뾰족한 솔을 이용해 구석구석 묻은 먼지와 음료 찌꺼기를 닦아낸다. 알코올이나 소독액을 이용해서 살균 세정을 한다.

4 담가둔 고무는 세제를 이용해 닦고 물기를 말린다.

드립용품

지침 드립용품은 커피의 찌든 때가 잘 남기 때문에 매일 세척해서 청결하게 유지한다.

1 싱크대 배수구를 마개로 닫고 뜨거운 물을 드리퍼, 서버, 주전자가 잠길 때까지 받은 다음 정해진 가루세제(에스프레소머신 청소약품)를 뿌린다.

2 10분 정도 불린 후 흐르는 물에 수세미를 이용하여 구석까지 깨끗하게 세척한다.

3 물기가 남아 있지 않게 말린다.

지침 공기 중의 먼지에 쉽게 노출될 수 있기 때문에 매일 청소해서 청결하게 유지한다.

1 안전마개와 물받이는 분리한 후 정해진 세제와 수세미를 이용해 세척하고 물기 없이 말린다.

2 정해진 세제를 빙삭기의 날과 내부에 뿌린다.

3 뜨거운 물을 피처에 담아 빙삭기 내부로 2회 흘려보낸다.

4 마른 행주로 빙삭기 내부와 날을 닦는다.

 **5** 행주로 빙삭기 외부를 물기 없이 닦는다.

 **6** 안전마개와 물받이를 장착한다.

탬퍼

기름기나 손때가 묻어 있을 수 있다. 물에 씻지 말고 마른 행주로 닦는다. 특히 나무탬퍼는 갈라짐이 생기므로 절대 물에 닿지 않게 한다.

온수기

지침 스테인레스로 되어 있는 온수기 외부는 물때가 잘 묻기 때문에 자주 닦아서 청결하게 유지한다.

1 받침대는 분리한 후 정해진 세제와 수세미를 이용하여 세척하고 물기 없이 말린다.

2 행주로 온수기 외벽을 닦는다.

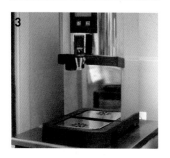

3 받침대를 결합하고 주변을 청소한다.

시럽 펌프   **지침**   시럽이 굳는 것을 방지하며 청결하고 위생적으로 유지한다. 주 2회 이상, 가능하면 매일 청소한다.

1 연결 부위를 빼서 흐르는 물에 헹군다.

2 70~80℃의 물에 30분 정도 담가서 주둥이에 굳은 시럽을 녹인다. 내부를 분해할 수 없으므로 담근 채로 뜨거운 물이 통과하도록 20회 펌프질을 한다. 다시 깨끗한 물로 갈아서 20회 펌프질을 한다.

3 물기 제거한 후 잘 말려서 사용한다. 완전히 말리지 않으면 수분에 의해 곰팡이 등 세균이 번식한다.

소스 펌프

지침 소스 펌프는 장시간 사용 시 내부에 덩어리가 생기면서 압력이 떨어져서 새거나, 곰팡이와 세균이 번식하기 쉬운데 이를 방지하려면 이틀에 한 번 씻어서 청결히 유지한다.

1 분해할 수 있는 것들을 모두 분해하고, 중간 부분도 풀어서 스프링을 꺼낸다.

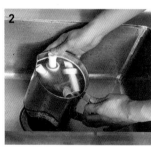

2 주둥이 부분도 분해해 70~80℃의 물에 30분간 담가놓는다.

3 흐르는 물에 하나씩 잘 헹군다.

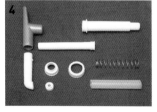

4 분해한 상태로 물기를 잘 말려 사용한다.

4 - 매주 마감 청소

에스프레소머신 헤드 (최소 주 3회 이상 추천)

1-1 드라이버로 샤워스크린을 돌려 빼낸다.

1-2 머신의 종류에 따라 떼어내야 하는 샤워스크린도 있다.

2 통에 뜨거운 물 1리터와 세제 3티스푼을 넣어서 세제 용액을 준비해놓는다. 샤워스크린, 디퓨저, 볼트 포터필터, 필터 바스켓을 용액에 잠기도록 담가놓고 퇴근한다. 다음날 출근해서 흐르는 물에 헹구고, 물기를 닦은 다음 재조립한다.

◆ 포터필터의 플라스틱 손잡이는 세제에 닿으면 변색되므로 주의한다.

◆ 이 청소를 안 하면 한두 달만 지나도 추출성능이 뚝 떨어진다. 샤워스크린에서 물이 나올 때 커피를 고르게 적셔주지 못하기 때문이다.

◆ 분해 후 샤워필터의 표면이 녹슬거나 찌그러져 있는지, 때가 껴서 망이 막혔는지 확인해야 한다. 커피가 제대로 추출되지 않는 원인이 된다.

◆ 최근에 만들어진 포터필터를 제외한 대부분의 구식 포터필터는 스파우트 부분이 분리되지 않기 때문에 청소 도구로 설거지를 할 수 없는 구조로 되어 있다. 그래서 약품에 담가 청소를 하지 않으면 스파우트 부분에 찌꺼기가 쌓이고 안 좋은 맛이 나는 원인이 되기도 한다.

5 - 기타 청소

제빙기 (주 1회 이상)   **지침**   제빙기는 사람의 손이 많이 닿기 때문에 손잡이 부분과 내부를 집중적으로 세척해서 청결하게 유지한다. 청소는 주1회 실시한다.

1 (촬영을 위해 상판을 제거한 모습) 플라스틱 커튼을 들어올리고 락스계 소독제 3ml를 넣고 30분간 작동한 뒤 끈다.

2 공랭식의 경우 냉각 컴프레서에 공급되는 공기 속 먼지를 걸러내는 외부 흡기 필터가 있는데, 이곳에 먼지가 많이 끼면 냉각능력이 떨어지므로 반드시 먼지를 떨어낸다.

3 제빙기 내부의 플라스틱 커튼을 빼낸다. 양끝의 스토퍼를 빼서 전부 분해하고, 노즐과 함께 소독액에 담가 살균한 뒤 완전히 말린다.

4 얼음 미끄럼틀을 꺼낸다.

5 노즐 부분도 전체를 잡고 위로 힘을 주어 올려 분리한다.

6 순환수 마개를 뽑아낸다.

7 우측 상단 트레이에 물이 담겨 있도록 하는 수위 조절 밸브가 있는데 이것을 뽑아내면 상단 트레이의 물이 빠진다.

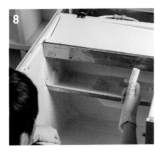

8 상단 트레이 안쪽 좌측에 노즐로 물을 보내주는 관이 있다. 그 부분을 뽑아내 물이끼를 닦고 소독한다.

9 상단 트레이 내부는 락스 희석액(물 300: 락스 1) 또는 시판제품 (염소계 소독제)으로 소독하고 깨끗한 스펀지를 사용하여 이물 질을 닦아낸다.

10 상단 트레이 아래쪽에는 트레이로 과공급된 물을 하수로 바로 버리는 파이프가 있는데 이것을 빼내어 깨끗이 세척하고 소독 한다.

11 내부는 세제를 사용하면 깨끗이 청소하기 힘드니 락스 희석액 을 충분히 뿌려둔 후 잠시 기다린다.

12 내부의 이끼와 세균을 스펀지로 닦아낸다.

13 내부를 깨끗한 물을 이용해 충분히 세척한다. 락스 냄새가 남지 않도록 신경써야 한다.

14 플라스틱 커튼은 양끝의 스토퍼를 빼서 전부 분해하고, 노즐과 함께 소독액에 담가 살균한 뒤 완전히 말린다.

◆ 조립은 분해의 역순으로, 필터와 연결관을 끼우고 나서 노즐을 끼운다. 수위 조절 밸브를 장착한 다음 깨끗한 물을 트레이에 가득 채운다. 물이 없으면 모터 관로에 물이 돌지 않고 공기만 차게 되어 작동하지 않는다. 물을 채운 후 스위치를 올려 노즐에서 물이 나오는지 확인하고 나서 커튼을 끼운다.

◆ 카페에서 가장 위생에 취약한 부분이 제빙기다. 얼음이라 세균이 못 자랄 것 같지만, 오히려 세균의 온상인 경우가 태반이다. HACCP 규정에는 제빙기 2대를 두고 8시간마다 교대로 청소와 소독을 해야 한다고 되어 있을 정도다.

◆ 스쿱은 제빙기 안에 두면 손잡이 부분에 있던 대장균과 일반 세균이 증식하기 때문에 항상 밖에 두고 건조시켜야 한다. 위생검사에도 무조건 걸린다.

◆ 한번 꺼낸 얼음은 오염될 가능성이 높으므로 다시 넣으면 안 된다.

◆ 녹색수세미 같은 거친 도구로 내부를 닦으면 상처가 나 그곳에 세균이 번식하기 쉬워지니 주의해야 한다.

수동 그라인더 분해 (월 1, 2회)

1 호퍼를 분리한다.

2 도저 칼라를 돌려서 뺀다.

3 윗날을 분리한다. (청소할 부위는 윗날, 아랫날, 도저, 세 부분이다.)

4 스프링을 분리한다.

 **5** 한 손으로 고정하고 한 손으로 나사를 풀어 아랫날을 분리한다.

 **6** 내부를 에어블로워와 브러시를 이용해 청소한다. 기름때가 꼈으면 알코올을 이용해 제거한다.

 **7** 도저의 나사를 풀어 투명창을 분리한다.

 **8** 분리한 투명창은 설거지한다.

9 중앙의 나사를 드라이버로 풀고 도징량 조정나사와 도저판을 분리한다. 그 안의 스프링도 빼서 잘 챙겨둔다.

10 도저 내부를 에어블로워와 브러시를 이용해 청소한다.

11 도저판의 나사를 푼다.

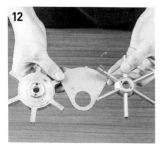

12 도저판을 분해해서 설거지한다.

13 원두 투입구와 윗날을 분리한다. 날은 반드시 알코올로 닦는다. 물이 닿으면 녹슨다.

14 면봉을 이용해 도저 칼라와 투입구가 부딪치는 부분에 식품기계용 그리스를 바른다.

◆ 조립은 분해의 역순이다.
◆ 조립할 때 윗날과 아랫날의 자리를 바꾸면 마모를 줄일 수 있다.
◆ 도저 내부의 나사는 반드시 커피가루를 떨어내고 돌려야 나사가 뭉개지지 않는다.
◆ 부속품은 잃어버리지 않도록 반드시 한곳에 모아둔다.
◆ 분해 시 날의 상태를 확인하여 무뎌져 있다면 새것으로 교체한다. 통상 64mm 날의 경우, 보통 500kg의 커피를 분쇄했다면 새것으로 교체하는 것이 좋다.

자동 그라인더 분해 (월 1, 2회)

1 호퍼를 분리한 뒤 입자조정뭉치를 분리한다.

2 금속날뭉치를 분리한다.

3 드라이버로 아랫날을 분리한다.

4 금속날뭉치와 아랫날을 브러시를 이용해 청소한다.

◆ 분해 시 날의 상태를 확인하여 무뎌져 있다면 새것으로 교체한다.

팔꿈치를 몸에서 떼면 팔꿈치-팔
목-엄지손가락까지 일직선이 되
면서, 손목에 힘을 무리하게 주지
않아도 트레이를 들 수 있다.

바른 자세   바른 자세

팔꿈치를 몸에 붙이면 트레이의
무게에 의해 손목이 꺾이게 되면
서 손목에 과도한 하중이 실려 부
상의 원인이 된다.

틀린 자세   틀린 자세

양손을 몸쪽에 붙이고 행주를 위
아래로 감아쥔다. 위쪽 손바닥은
바깥으로 향하게 하고 아래쪽 손
바닥은 몸쪽으로 향하게 하여 두
엄지손가락이 가까이 놓이게 한
다. 그런 다음 그대로 팔을 바깥쪽
으로 뻗는다.

손목을 과도하게 비틀면 손목에 무
리가 가면서 부상의 원인이 된다.

6 - 기타 마감

포스 정산하기

지침 포스는 정해진 정산 절차를 준수하고 최소 2번은 확인해서 실수가 없도록 한다.

1 당일 영업실적 중 현금매출을 기록한다.
2 당일 현금매출을 날짜와 함께 금고에 입금시킨다.
3 개점 시 등록된 시재와 마감 시재가 맞는지 확인한다.
4 영업메뉴에서 마감등록을 한다.

출입문 및 비상구 확인

지침 모든 마감청소가 끝나면 퇴근 전에 출입문 및 비상구의 보안 상태를 확인한다.

1 1층 이상의 매장이라면 위층부터 내려오면서 창문을 잠근다.
2 보안시스템의 작동상태를 확인한다.

전원 끄기

지침 실내 전원 및 외부등의 소등 상태를 확인한다.

1 1층 이상의 매장이라면 위층부터 내려오면서 냉온풍기의 전원을 차단한다.
2 냉온풍기, 컴퓨터, 쇼케이스, 블렌더, 그라인더, 식기세척기의 전원 상태를 확인하고 차단한다.
3 퇴근을 위해 옷을 갈아입고 조명의 소등 상태를 확인한 후 나간다.

5.

에스프레소머신 고장과 대처법

포터필터가
많이 돌아간다

개스킷이 마모가 되거나 많이 눌려 있는 상태다. 물이 새지 않으면 그냥 사용해도 되지만, 한쪽 포터필터만 많이 돌아간다면 사전추출이 다르게 진행되어 양쪽에서 추출되는 커피 맛이 달라지므로 개스킷을 교체한다. (개스킷은 되도록 한꺼번에 교체한다.) 그래도 한쪽이 많이 돌아간다면 포터필터의 날개를 확인해서, 많이 닳아 있다면 포터필터 자체를 새것으로 교체한다.

물을 틀었는데
양쪽 물 나오는 속도가 다르다

기계구조상 동일한 속도로 물이 나오게 되어 있는데, 그러지 못하다면 원인은 관의 청소

상태 불량이다. 여러 번 관 청소(백플러싱)를 해도 달라지지 않는다면, 헤드를 분해해서 청소해야 하는데, 이것은 업체에 맡겨야 한다.

물을 틀었는데 세팅 버튼을 누를 때마다
물의 양이 일정하지 않다

플로미터(물이 지나가는 양을 일정하게 조절하는 장치)에 때가 끼어 있는 경우다. 분해해서 청소하면 되지만, 그래도 안 되면 플로미터의 센서 고장이기 때문에 교체해야 한다.

1 원래는 기계에 장착되어 있는 것이다. 기계로 들어오는 물을 잠근 후 표면의 십자나사 3개를 푼다.

2 검정색 커버를 들어내면 6개 날개가 달린 플라스틱 회전 센서가 나오는데, 여기에 붙어 있는 이물질을 솔로 제거한다.

3 내부에 끼어 있는 물때를 솔로 제거한 후 재조립한다.

보일러의 물이
일정하지 않다

기계가 오래되면 보일러에 보충되는 물이 많았다 적었다 할 때가 있는데, 그러면 추출액의 온도가 정확하게 맞지 않는 경향이 있고, 물이 아예 없으면 히터가 노출되어 타버려 고장의 원인이 되기도 한다. 이때는 머신을 끄고 식힌 다음 공구를 이용해 센서를 풀고 센서에 끼어 있는 스케일을 제거한 후 재조립하면 된다.

모터에서
소음이 심하다

추출버튼을 눌렀을 때 모터의 소음이 심하게 들리면, 모터가 물을 제대로 못 빨아들이고 있는 것이다. 물이 들어오는 관에 때가 끼거나 이물질이 낀 경우라면 관을 청소하고, 정수 필터에 오래돼서 효율이 떨어진 경우라면 정수필터를 교체한다. 방치해두면 모터에 과부 하가 걸려 고장이 난다.

| 소모품 교환주기 |

아래의 소모품은 여분으로 한 세트씩은 구비해두어야 한다.

정수필터 제조회사마다 다름

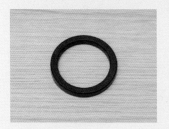
개스킷 3~5개월마다

바스켓 6~8개월마다

샤워스크린 6개월마다

FAQ

Q: 기계업자들이 청소 자주하게 되면 고장난다고 하는데 사실인가?

청소를 하면 버튼을 자주 누르게 되고 밸브를 자주 작동하게 된다. 그래서 버튼과 밸브에 무리가 가서 고장이 난다는 이야기가 있다. 그러나 밸브는 700만 번은 정상 작동하게 제조된 것이므로 청소 정도로 고장이 나진 않는다. 청소만 자주 해주어도 5~10년 안에 관에 문제가 생길 일이 없다. 통상 200잔 추출을 할 때마다 청소를 해주면 좋다.

Q: 에스프레소머신의 수명은 얼마나 되나?

통상적으로 3~5년을 쓰면 교체해야 한다고 하는데, 정기적인 청소와 소모품 관리만 제대로 해주어도 10~15년은 무난하게 쓸 수 있다. 단 보일러 내부 히터에 스케일이 발생할 수 있다. 물에 녹는 물질이 아니라서 위생에는 문제가 없지만, 히터의 효율과 보일러 용적에 영향을 주기 때문에 2~3년에 한 번 전문가에게 맡겨서 제거해야 한다. 머신이 2그룹이라면 양쪽을 골고루 사용하는 것도 고장을 줄일 수 있는 방법이다.

Q: 청소를 안 하면 기계 고장 말고 또 어떤 일이 일어나나?

헤드가 뜨거운 상태에서 찌꺼기가 남아 있게 되므로 잔유물의 변질이 일어난다. 그러면 커피에서 탄 맛이나 탄 냄새가 나게 되니 아무리 신선한 커피를 써도 맛이 떨어진다. 대부분 나쁜 맛의 원인은 청소 불량이다. 원두나 기계를 탓하기 전에 청소에 신경을 써야 한다. 이건 마치 먼저 온 손님이 먹다 남은 김치찌개에 계속 새 김치와 물을 넣고 끓여내는 것과 같기 때문이다. 음식에서 제일 중요한 것은 청결밖에 없다.

Q: 바스켓은 왜 교체해야 하나?

바스켓이 오래되면 강한 추출 압력에 의해 바닥면이 둥글게 부풀어올라서 구멍이 점점 넓어진다. 그러면 커피가루가 많이 나오게 되어 커피가 탁해지고 쓴맛이 많이 난다.

IV
기타 관리

1.

청소 관리

1) 청소에 관한 몇 가지 원칙들

손님의 자리에 꼭 앉아보라

위생유지 상태가 손님의 첫인상을 좌우한다. 그런데 손님이 느끼는 청결은 점주와 직원이 느끼는 청결과 다를 수 있다. 예를 들어, 테이블에 앉아 있는 손님과 서빙을 하는 직원의 위치가 다르고, 화장실을 이용하는 손님과 청소하러 들어간 직원의 시선이 다르다. 그러므로 반드시 손님의 자리에 앉아서 손 닿는 부분과 시선이 닿는 부분까지 꼼꼼히 확인하는 습관을 길러야 한다.

청소는 책임자가 있어야 한다

작은 카페일수록 직원들에게 그저 청소 잘하라고만 하고 마는 경우가 많은데, 청소는 궂은 일이라 책임자가 없으면 아무도 신경 쓰지 않게 된다. 큰 건물이나 업장처럼 반드시 체크리스트를 만들어서 책임자가 마지막 확인을 하도록 해야 한다.

청소도구를 깨끗이 유지하라

청소의 중요성은 다들 알고 있지만, 정작 개업식부터 이사할 때까지 빗자루 하나 바꾸지 않는 곳들도 제법 있다. 청소의 기본인 청소도구에 투자를 아끼지 말아야 한다. 도구가 깨끗해야 청소 효율이 높아지는 것은 물론이고, 청소하는 직원 입장에서도 훨씬 더 성심성의껏 할 수 있게 된다.

2) 세제

세제는 단독으로 사용해야 한다. 섞이면 화학반응을 하는 경우가 있어서 유독성 가스가 발생할 수 있다. 또한 세제가 독하다고 잘 닦이는 건 아니다. 희석 비율을 정확히 지켜주는 게 중요하다. 독한 만큼 몸에 해만 될 뿐이다.

알코올계 소독제

알코올이 70% 이상 함유되어 있는 제품으로 건조된 부위에 뿌려서 소독한다. 약국에서 에탄올을 구입해서 정제수와 8:2 비율로 섞어 사용해도 된다. 살균율 99.999% 이상이며, 식품첨가물로 허가받은 제품을 구비해두면 음식물에 닿아도 안전해서 식기나 테이블을 소독할 때도 사용할 수 있다. 약간의 기름때를 제거할 때도 유용하며, 실내에 잡냄새가 날 때 공기 중에 뿌리면 알코올이 증발하면서 냄새를 잡아준다. 다만 제빙기 내부나 냉장고처럼 수분이 있는 표면을 소독하기에는 효과가 떨어지고, 뿌리는 것만으로 소독이 이루어지지 않기 때문에 반드시 문질러주는 과정이 필요하다. 손 소독을 염두에 두고 만들어진 제품에는 글리세린이 첨가되어 있는 경우가 있어서 소독 후 끈적임이 남거나 글리세린에 의해 원치 않는 맛이 남을 수 있기 때문에 식기에 사용하는 것은 주의해야 한다.

염소계 소독제

음식물에 직접적으로 닿는 기구, 도구 및 각종 시설, 설비, 테이블, 의자 등 가장 광범위하게 사용한다. 시중에 '락스'로 통용되는 것이 염소계 소독제이며 대부분 5%의 유효염소가 첨가되어 있어 250~500배 희석하여 사용한다. 250배 희석한 것(20ppm 이하)은 기구에 뿌리거나 기구를 담가 소독하며, 500배 희석한 것(10ppm 이하)은 과일, 채소 등을 담가 소독한다. 알루미늄, 구리, 철 등의 기구에는 부식(으로 인한 변색) 위험이 있으므로 사용해선 안 된다. 이외에도 냉장고, 타일 틈새, 변기, 하수구 등 물기가 많은 곳에 생기는 곰팡이 제거에 효과적이다. 뿌리고 말리는 것만으로도 소독이 되기 때문에, 알코올 소독이 힘든 곳에는 염소계 소독제를 사용하는 것이 오히려 효과적일 수 있다.

4급 암모늄계 소독제

각종 기구, 용기 및 시설에 광범위하게 쓰이는 살균소독제이지만 식품첨가물이 아니므로 식품에 직접적으로 닿지 않도록 주의해야 한다. 지속력이 뛰어나 주로 발판이나 바닥 소독 등 하루에 한두 번 정도만 소독하는 곳에 사용한다. 4급 암모늄의 특성상 거품을 발생시켜 약간의 세척력도 갖추고 있으므로 매장 내 테이블, 의자 등 물로 세척하기 어려운 곳을 닦아낼 때 사용하면 세척과 동시에 소독을 할 수 있어 효과적이다.

지방분해 전용세제

주방의 배기후드나 조리대 근처의 기름때 등을 제거할 때 사용한다. 에스프레소머신 주변의 찌든 때를 제거할 때도 쓰인다. 사용 시에는 반드시 장갑을 껴야 한다. 마트에서 파는 제품들은 이런 세제를 희석시키고 향을 첨가한 것들이라 전문제품을 구입하는 편이 낫다. 또한 라벨에 적힌 사용방법에 따라 희석배수를 정확하게 지켜서 거품 형태로 사용하는 편이 효과적이다. 사용 후 반드시 깨끗한 물로 2, 3회 이상 헹구고 잔류물이 남지 않도록 신경 써야 한다.

스케일 제거제

모든 용수에는 무기물 및 염류 성분이 이온화(+이온, -이온) 상태로 존재하는데 온도의 변화에 따라 +이온과 -이온이 결합하여 딱딱한 결정을 만든 것을 스케일이라고 한다. 이러한 스케일을 제거하려면 산성의 약제나 효소를 이용한 약제를 사용하는 것이 효과적이다. 타일이나 유리, 거울 등에 낀 물때를 제거할 때 사용한다.

3) 청소 방법

1 - 개점 전

테이블과 의자

❶ 의자의 위치를 조정하고 파손 상태를 확인한다. 파손 물품이 있으면 교체·수리한다.

❷ 별도의 깨끗한 행주로 테이블과 의자에 묻어 있는 먼지와 오염물질을 깨끗이 닦는다.

유리

지침 매장 안팎에서 보이는 유리창은 쉽게 더러워지므로 매일 청소해서 청결하게 유지한다.

❶ 유리 전용 세제와 유리 청소용 마른 행주를 준비한다. 오염된 부분뿐만 아니라 전체적으로 세제를 가볍게 도포한다.

❷ 세제가 마르기 전에, 세제가 없어질 때까지 마른 행주로 가볍게 문지른다.

◆ 외부를 직접 닦을 수 없는 2층 이상의 경우라면 주기적으로 청소업체에 연락해서 청결을 유지한다.

◆ 물때로 얼룩이 진 경우는 스케일에 의한 침착이기 때문에 일반적인 세제로 제거되지 않는다. 구연산을 녹인 용액이나 식초 등을 사용해 충분히 오염 물질을 녹인 후 세척하면 스케일을 제거할 수 있다.

프레임

지침 프레임은 틈이 많아 먼지가 잘 쌓이는 곳이므로 매일 청소해서 청결하게 유지한다.

❶ 완전히 마르지 않은 깨끗한 행주로 닦는다. 먼지가 쌓인 프레임은 왕복하여 닦으면 얼룩이 남기 때문에 먼지가 완전히 제거될 때까지 한쪽 방향으로만 닦는 것을 반복한다.

쇼케이스

지침 고객이 직접 음식을 확인하는 냉장시설로 내외부를 항상 청결하게 유지한다.

❶ 쇼케이스 내부에 진열되어 있는 모든 냉장식품을 잠시 냉장고로 이동 보관한다.

❷ 전원을 차단한 뒤 문을 분리하고 뜨거운 물로 성에를 제거한다.

❸ 깨끗한 행주로 쇼케이스 내부를 닦는다.

❹ 문을 닦아서 결합하고 빠른 시간 안에 쇼케이스를 다시 가동한다.

❺ 유리용 세제와 마른 행주로 외부를 닦는다. 세제가 다른 곳에 튀는 것을 방지하기 위해 유리에 세제를 도포하지 않고 마른 행주에 소량 도포해서 닦는다.

❻ 청소가 끝나면 진열되어 있던 냉장식품은 정해진 수량을 가득 채워 쇼케이스에 다시 진열하고 더러워진 받침이나 접시는 교체한다.

화장실

지침 화장실은 가장 중요한 공간으로 항상 청결을 유지하여 거부감이 없도록 한다.

❶ 청소구역을 적셔두고 준비한 세제와 전용 수세미로 오염물질을 제거한다. (하수구가 있으면 청소구역에 미리 물을 뿌려두었다가 끝난 후 깨끗한 물로 헹궈내고, 하수구가 없으면 젖은 걸레로 적셔두었다가 나중에 깨끗이 세탁된 행주로 세제를 닦아낸다.) 바닥의 물기는 대걸레나 마른 행주를 이용해서 미끄럽지 않을 정도로 제거한다.

❷ 세면대, 거울, 유리, 수도꼭지, 문 등을 유리용 세제를 이용해서 닦는다.

❸ 변기마다 락스를 투여하고 솔로 문질러 냄새를 제거한다.

❹ 마지막으로 점보롤, 핸드타올, 거품비누, 손소독제 등의 재고를 파악해서 채운다.

컨디먼트 바

지침 컨디먼트 바의 청결상태를 확인하고 식수 및 일회용품을 구비해서 고객의 편의를 생각한다.

❶ 컨디먼트 바의 청결상태 및 필요한 물품을 확인하고, 물품 선반을 비운 후 깨끗한 행주로 닦는다.

2 - 마감 후

바 바닥

지침 물기가 많아 오염되기 쉽기 때문에 매일 청소해서 깨끗하게 유지한다.

❶ 매트와 쓰레기통을 잠시 치우고 빗자루를 이용해 바닥과 테이블 냉장고, 쇼케이스 밑까지 쓸어낸다.

❷ 물기가 많지 않은 대걸레를 이용해서 전체를 닦는다.

❸ 대걸레를 깨끗이 빨아 한 번 더 반복해 닦는다.

컨디먼트 바

지침 컨디먼트 바 내외부의 오염 물질을 제거해서 청결하게 유지한다.

❶ 컨디먼트 바의 내부에 놓인 일반 쓰레기통과 재활용품통을 빼낸다.

❷ 내부의 먼지를 진공청소기와 빗자루를 이용해 제거한다.

❸ 청소용 수세미와 정해진 세세를 이용해 오염물질을 제거한다.

❹ 물기가 많지 않은 손걸레로 내부 바닥과 벽면을 세제가 나오지 않을 때까지 닦아낸다.

❺ 일반 쓰레기통과 재활용품통을 정해진 위치에 다시 놓은 뒤 개점 시간까지 문을 열고 환기시킨다.

❻ 물기가 많지 않은 행주를 이용해 컨디먼트 바 외부의 먼지 및 시럽 등을 닦아낸다.

❼ 남은 음료를 버리는 배수시설이 있다면, 큰 피처에 뜨거운 물을 받아 흘려보내고 깨끗한 행주로 오염물질을 제거한다.

실내 및 테라스 바닥

지침 외부에서 들어온 먼지 및 오염물질을 깨끗하게 제거한다.

❶ 테라스의 경우 시멘트 바닥은 빗자루와 대걸레를 이용해서 청소하고 목재 바닥은 솔이 딱딱한 빗자루만을 사용해서 먼지 및 오염물질을 제거한다.

❷ 실내의 경우 의자 및 테이블을 이동시키고 빗자루와 대걸레를 이용해 청소한 후 원위치로 이동시킨다.

❸ 카펫이 있다면 의자, 테이블 및 카펫을 이동시킨 후 빗자루와 대걸레를 이용해서 청소하고 원위치로 옮긴다.

❹ 목재 바닥 및 실내 바닥에서 보수해야 할 부분을 발견했다면 수리한다.

재활용 및 박스 정리

지침 영업시간 동안 발생한 재활용 및 일반 쓰레기는 정해진 시간과 장소에 폐기한다.

❶ 영업시간 동안 모인 박스들을 간추려 매장 앞 또는 정해진 장소에 내놓는다.

❷ 재활용 폐기물은 한데 모아 최소화하며 항상 속이 비치는 비닐(흰색 또는 파란색)을 사용한다.

❸ 모인 재활용 폐기물을 다시 확인해서 일반 쓰레기는 분리한다.

❹ 재활용 폐기물만 모았다면 매장 앞 또는 정해진 장소에 내놓는다.

❺ 재활용 및 박스 폐기물은 항상 영업마감 후에 폐기한다.

일반 쓰레기 정리

지침 영업시간 중에 발생한 일반 쓰레기를 한데 모아서 폐기한다.

❶ 바 및 컨디먼트 바에 설치되어 있는 일반 쓰레기통 내부의 쓰레기 양을 파악한다.

❷ 일반 쓰레기가 가득 찬 비닐을 빼내고 새 비닐(검정봉투)로 교체한다.

❸ 수거해온 일반 쓰레기를 규격봉투에 담아서 보이지 않는 곳에 놓는다.

❹ 손님이 모두 퇴장한 후 화장실 쓰레기까지 모아서 담고 정해진 장소에 내놓는다.

3 - 매주 청소

냉온풍기

지침 매장 내에서 사용되는 냉온풍기는 주1회 필터 및 내외부를 청소한다.

❶ 전원을 차단하고 손걸레로 외부를 닦는다.

❷ 덮개와 필터를 분리하고 내부도 손걸레로 닦는다.

❸ 덮개와 필터는 흐르는 물에 솔을 이용해 구석구석 끼어 있는 먼지를 제거하고 물기를 말린 다음 조립한다.

2.

장부 관리

1) 장부에 관한 몇 가지 원칙들

매일 작성하라

숫자를 다루는 일이야말로 그때그때 하지 않고 미루면 실수도 많아지고 더 하기 싫어진다. 오늘의 결과를 대충이라도 알아야 내일과 이후의 전략을 바로바로 세울 수 있다. 그리고 마감 전에 정산을 먼저 하라. 청소를 하고 나면 지치기도 하고 정신이 없어서 정산에 집중할 수 없기 때문이다. 또한 정산보다 청소를 먼저 하게 되면 손님이 있는데 청소를 시작하는 좋지 않은 습관이 들지도 모른다.

돈의 흐름을 파악하라

정산을 할 때는 얼마를 벌었는지를 계산하는 것보다 돈이 어떻게 들어오고 어떻게 나갔는지를 파악하는 게 훨씬 중요하다. 돈의 흐름을 알아야 매출 증대든 비용 절감이든 전략을 세울 수 있다. 또한 수익이 생기면 그 일부는 반드시 저축해두어야 한다. 인테리어나 기계 개비 등 불의의 일에 대비할 필요가 있다. 점주가 가겟돈을 맘대로 쓰지 못하게 하는 원칙도 필요하다. 그런 식으로 정산이 흐트러지기 시작하면 영업에 관해 파악할 수 있는 것이 없어진다.

남는 것이 아니라 새는 것을 찾아내는 것이 중요하다

매출목표를 세우고 달성 여부를 확인하는 것도 중요하지만 생각 없이 과다지출된 것을 점검해서 지출을 줄이는 것을 우선적인 목표로 삼아야 한다. 새는 것을 막는 일은 당장 구체적으로 실천할 수 있다.

2) 해야 할 일

1 - 매일 해야 하는 것들

일별 매출 현황표

시재(시작하는 돈), 사용내역(직원 식대, 소모품비, 재료비 등)을 기입하고, 매출내역을 정리한다. 매출은 포스기에서 출력해도 된다. **별첨1**

파트타이머 근태기록부 작성

파트타이머는 시간별로 임금을 지급하므로 반드시 당사자와 확인하도록 한다. **별첨2**

지출증빙서류

벌어들인 돈 중에서 경비로 지출된 돈에 대해서는 소득세를 과세하지 않으므로, 반드시 경비 지출 시마다 세금계산서, 신용카드매출전표, 현금영수증 등의 법정 지출증빙서류를 수취해야 한다. 단 3만 원 이하(접대비는 1만 원 이하)는 일반영수증도 증빙서류로 가능하다.

무자료 거래는 결코 남는 것이 아니다. 부가세보다 소득세 비율이 높으므로 반드시 세금계산서를 받아서 비용으로 처리하도록 한다. 그리고 부가세는 환급되기 때문에 당장 지출 같아도 돌려받게 되니 세금계산서를 끊을 수 있다면 반드시 끊으라.

2 - 매달 해야 하는 것들

월별 현황(결산서)

매달 재료비와 임대공과금까지 포함하여 매입, 매출, 순익을 결산한다. 매일 정산은 직원이 하더라도 매월 결산에는 사업장 전반에 대한 회계정보는 물론 인건비도 포함이 되어 있으니 반드시 점주가 하도록 한다. **별첨3**

3 - 매년 해야 하는 것들

종합소득세 신고 납부(개인사업자)

종합소득이란 사업소득을 비롯해 이자배당소득, 근로소득, 연금소득, 기타소득을 모두 포함한 소득이다. 매년 5월 한 달간 전년도 종합소득에 대한 세금을 신고 납부한다.

소득세는 사업자가 본인 소득을 스스로 계산해서 신고 납부하는 세금이므로, 모든 사업자는 장부를 기록(기장)해야 한다. 해당 과세기간에 사업을 신규로 시작했거나 직전 과세기간의 수입이 1억5천만 원 미만이면 간편장부 대상자로 분류되고, 그 이외의 모든 사업자는 복식부기 의무자가 된다.

간편장부는 말 그대로 누구나 간편하게 기장할 수 있는 것으로 서식은 국세청 홈페이지www.nts.go.kr에서 받을 수 있다. 복식부기는 점주가 회계에 대한 지식이 있거나, 회계 담당 직원이 따로 있지 않으면 회계사무소에 위임(기장 대리)하는 것이 가장 편리한 방법이다. 기장 대리가 부담이 되는 규모라면, 종합소득세 신고 납부만 대리할 수도 있다. 최근에는 홈택스www.hometax.go.kr를 통해 전자 신고도 가능하다. 좀더 구체적인 정보는 국세청 홈페이지에서 확인할 수 있다.

법인세 신고 납부(법인)

카페를 주식회사로 설립했다면 법인으로서 법인세를 신고 납부해야 한다. 사업연도마다 법인에 귀속되는 소득에 대해 법인세가 과세된다. 사업연도 종료일이 속하는 달의 말일부터 3월 이내에 법인세를 신고해야 하는데, 예를 들어 12월 결산법인은 3월 말까지, 3월 결산법인은 6월 말까지이다. 홈택스에서 전자 신고 납부할 수 있다. 좀더 구체적인 정보는 국세청 홈페이지에서 확인할 수 있다.

부가가치세 신고 납부

부가가치세란 상품의 거래나 서비스의 제공과정에서 얻어지는 부가가치에 대해 과세하는 세금이다. 부가가치세는 물건값에 포함되어 있기 때문에 실제로는 최종소비자가 부담하는 것이고, 사업자는 대리 납부하는 것이다. 부가가치세의 기본공식은 다음과 같다.

부가가치세 = 매출세액 - 매입세액

일반적으로 법인사업자는 1년에 4회(예정신고기간), 개인사업자는 1년에 2회 신고한다. 역시 홈택스에서 전자 신고 납부할 수 있다.

3) 바람직한 지출 구성

카페 운영 초기에는 매출도 안정되지 않고, 이익이 충분하게 나지 않기 마련이다. 그러니 모자라는 돈은 예비자금으로 융통하거나 주변 지인들에게 빌려와 당장의 위기를 넘기게 된다. 그러다보면 지금 제대로 카페가 운영이 되고 있는 상태인지, 임시변통으로 유지되고 있는 것인지 확실하게 구분할 수 없게 된다. 이런 때일수록 정확한 경영평가를 하는 것이 좋다.

먼저 시급히 할 일은 운영 초기라서 매출이 충분하지 않은 경우 매달 매출 신장률을 계산하여 최종 안정치의 매출이 얼마가 될 것인지 계산하는 것이다. 매출이 더 이상 늘지 않는 안정기가 되었을 때 임대료와 인건비의 비율이 목표치에 해당하는지를 점검해서 운영이 가능한 수준으로 조정하는 것이다.

대부분의 안정된 카페의 경우 수익률과 원가 비율, 노무비 등을 점검함으로써 매출 대비 지출을 따져볼 수 있다.

간단한 기준을 세우자면,

임대료 대비 매출액은 최소 6배 이상인가,

인건비 대비 매출액은 최소 4배 이상인가

정도가 될 수 있다.

이에 따라서 매출목표 조정 혹은 단가 및 재료 사입단가 조정 등 여타 수입과 지출을 조정해가면서 운영을 해나갈 수 있다.

카페를 운영하는 많은 이들이 무엇보다 재료원가를 낮추려고 노력을 하는데, 실제로 살펴보면 대부분 카페에서 재료원가는 매출 대비 30% 정도를 유지하고 있다. 따라서 재료의 품질을 낮추어서 20% 싼 재료를 쓴다면 약 6% 정도의 수익이 더 나게 되는데, 이를 알기 쉽게 수치화해서 보면 약 1천만 원 매출에 60만 원의 수익이 늘어나는 셈이다. 한마디로 제품의 질을 떨어뜨려 손님에게 실망을 주는 데 비해 얻어지는 수익은 미미하다.

일별 매출 현황

20 년   월   일

현금 매출	
카드 매출	
현금+카드	
쿠폰/서비스	
총 매출	

현금 사용내역		
용도	지출금액	정산서를 붙이세요.
지출 합계		
현금 매출 - 지출 합계		
잔 액		

파트타이머 근태기록부

년 월	/		이 름			연락처		
날짜	출 근		퇴 근	근무시간	확 인		특이사항	
					근무자	담당자		
1								
2								
3								
4								
5								
6								
7								
8								
9								
10								
11								
12								
13								
14								
15								
16								
17								
18								
19								
20								
21								
22								
23								
24								
25								
26								
27								
28								
29								
30								
31								
합계								

00월 현황

#총계

품목	금액
수입	-
지출	-
합계	-

#매출

품목	금액
현금	
카드	
합계	-
쿠폰	
매출합계	-

#지출 사용내역

품목	금액
인건비	
식대	
식자재	
소모품	
기타	
총계	-

#인건비 내역

이름	시간	급여
		-
		-
		-
		-
		-
총계	0	-

#자재 주문내역

품목		사용량
에이드	자몽	
	레몬	
	라임	
	파인애플	
	망고	
슬라이스	자몽	
	레몬	
	라임	
기타	레몬차	
	자몽차	
	크림치즈	
	종이컵	
	리드	
	슬리브	
	캐리어	

3.

직원 관리

1) 직원 관리에 관한 몇 가지 원칙

점주가 부지런해야 한다

직원은 점주가 할 일을 대신해주는 사람이 아니다. 점주가 일 안 하고 돈을 벌 수는 없다. 직원에게 책임을 전가하면 안 된다. 일례로, 직원에게 유통기한을 확인하라고 말만 하면 안 된다. 점주가 직접 확인해야 한다. 품질을 결정 짓는 것들, 즉 재료상태와 청소상태 등은 점주가 직접 관리해야 한다. 나중에 문제가 생기더라도 모든 책임은 점주에게 있다. 직원은 내 일을 도와주는 고마운 파트너일 뿐이다.

작은 가게라도 원칙을 세우라

작은 카페일수록 점주와 직원이 얼굴을 맞대고 일하는 환경이기 때문에 사소한 것부터 갈등이 생길 수 있다. 그런 상황을 사전에 방지하려면 직원들이 하기 쉬운 것부터 원칙을 세우는 게 좋다. 예를 들어, 출퇴근기록부를 만들면 업무시간과 관련된 불필요한 갈등을 줄일 수 있다.

벌이 아니라 상이 필요하다

벌은 대기업이 아닌 이상 의미가 없다. 대기업에서는 경고이지만, 작은 카페에서는 그저

카페 실무 매뉴얼

혼내는 것에 지나지 않는다. 대신 상이 필요하다. 노동법을 지키는 것은 상이 아니라 기본이다. 푼돈을 아낀다고 노동법을 무시하면 나중에 결국 불만이 생긴다.

일어날 수 있는 사고에 대해 점주가 부지런히 미리 주의를 주고 준비해주어야 한다. 이미 일어난 일에 대해 화를 내는 것은 화풀이에 지나지 않는다. 화풀이만 한다면 직원은 입장에서는 책임을 진다며 퇴사를 하면 그만이다. 작은 카페에서는 숙련된 직원이 그만두면 점주만 손해다. 그러므로 같이 발전해 나아갈 수 있도록, 실수를 했으면 격려하고 어떻게 하면 다시 그러지 않을지 회의를 해야 한다.

비전을 보여주라

월급을 많이 주는 것만으로 해결할 수 없다. 카페를 직장으로 삼았다는 건 목표가 있어서다. 돈을 벌기 위해서뿐만 아니라 나의 가능성을 계발하기 위해서이기도 하므로 직원이 점주를 보면서 '이 사람과 같이 일하면 나의 발전도 보장된다'는 느낌이 있어야 한다. 오래 일하지 못하는 것은 단순한 업무가 반복되니 미래가 없어 보이기 때문이다. 무작정 지금 고생해서 돈 많이 벌면 나중에 나누겠다는 말만큼 직원의 의욕을 떨어뜨리는 것이 없다. 그러므로 직원이 나서서 한다고 하면 능력 계발 지원 등 가능한 한 지원을 해야 한다.

2) 구체적인 관리

채용 조건

정규직원은 전체적인 운영을 담당한다. 카페의 퀄리티를 유지하는 것이다. 반면 아르바이트직원에게는 책임이 없는 청소, 설거지, 서빙 등 직원이 하기에 효율이 떨어지는 단순 업무를 맡긴다. 정규직원이라면 앞으로 이 업계에 남겠다는 생각이 어느 정도 있는 사람들이지만, 아르바이트직원은 자기 꿈이 따로 있고 그 꿈을 위해 돈을 벌려고 지원한 사람들이기 때문에 많은 책임을 요구해선 안 된다.

정규직원이건 아르바이트직원이건 노동법 준수는 필수다. 노동자에게 보장된 최소한의 노동조건은 점주가 임의적으로 판단할 문제가 아니다. 직원들의 4대 보험 가입은 법적 의무사항이기도 하지만, 직원들에게 4대 보험을 들어주고 비용으로 정산하는 편이 오히려 세금을 절감하는 방법이기도 하다. 당장 나가는 돈이 아깝다고 피해봤자 그만큼 수익으로 잡히면 소득세로 다 납부해야 한다.

그리고 요즘은 노동법이 강화되어서 비정규 아르바이트직의 경우 노동법에 준해서 임금을 책정하다보니, 정규직만큼 나오는 경우가 흔하다. 효율적인 인원 운용이 어떤 방법인지를 정확히 따져서 고용해야 한다.

채용 계획

매출 대비 인건비는 30%로 상정하고 채용 계획을 세운다. 인건비를 줄이려면 점주가 직접 그만큼 일을 하는 수밖에 없다. 10평 내외의 소규모라면 정규직원 없이 아르바이트직원으로만 2명을 구성할 수 있다. 월 매출 1천만 원 이하라면 정규직원 1, 2명에 아르바이트직원 2명 정도가 필요하다.

월 매출 3천만~5천만 원 사이가 되면, 매니저 2명을 두어 오전 오후를 나눠서 근무하게 하되 겹치는 시간을 두어 인수인계를 원활히 한다. 아르바이트직원은 정규직원당 2명, 총 4명으로 구성하고 바쁜 주말에는 2명 더 고용하는 것으로 한다.

테이크아웃 전문점일 경우, 손님이 몰리는 시간에 평상시보다 1명 정도 여유 있게 구성하는 편이 좋다.

채용 기준

품성이 제일 중요하다. 카페의 일들은 높은 수준의 기술을 요하는 일이 아니므로 반복하면 숙련이 가능하다. 반면 고객을 응대하는 서비스업이기 때문에 품성이 가장 중요할 수밖에 없다. 밝은 표정을 지을 줄 알며, 말을 할 때 의사전달이 정확하고 눈을 맞출 줄 아는 사람이 좋다. 다만 6개월 이하의 근무이력이 많으면 다시 고려해봐야 한다.

참고로, 음식점에서 일하는 모든 직원은 건강진단서(보건증)가 반드시 필요하다.

3) 직원 교육

규정을 정하고 매뉴얼로 만들어서 가르치는 것이 가장 좋다. 마감과 청소의 경우, 구체적으로 할 일들을 리스트로 만들어 전달한다.

직원 근무 규정

- 직원은 손님을 대할 때 항상 밝은 얼굴로 손님을 응한다.

- 직원은 모두가 한 팀이라는 마음으로 상호존중하며 배려해야 한다.
- 손님의 불만은 접수한 직원이 바로 처리하고, 처리한 내용은 점주에게 전달한다.
- 매장은 매시간 체크하여 항상 깨끗이 유지하고, 집기와 비품은 사용 후 즉시 원위치한다.
- 직원은 외모(두발, 위생상태)와 복장(유니폼, 신발)을 최상의 상태로 유지한다.

근무자세 및 근무복장

근무자세
- 출근시간은 업무 준비가 완료된 시간이다. 출근시간 10분 전에 나와 미리 그날의 업무 사항을 체크한다.
- 유니폼을 갈아입고 단정히 한다.
- 건강상태 및 컨디션을 최상으로 한다.
- 업무 시작 전 매장의 내외부 시설 및 설비의 이상 유무를 파악한다.
- 문제점을 발견했다면 즉시 처리하고, 처리하지 못한다면 점주에게 보고한다.
- 그날 처리해야 할 일을 체크하고 처리했다면 점주에게 보고한다.

근무복장

두발
- 눈과 귀가 보여야 하며 뒷머리가 유니폼에 닿지 않을 정도여야 한다.
- 음료를 만들거나 제공할 때 모자나 머리 망을 착용해 청결해 보이도록 한다.

얼굴
- 과한 화장을 피하고 단정하게 보이도록 한다.
- 피어싱 등 거부감을 일으킬 만큼 과한 액세서리는 빼놓고 출근한다.

액세서리
- 시계, 반지 등 위생에 방해가 되는 액세서리라면 착용하지 않는다.
- 고가의 액세서리는 개인이 책임을 지며 분실에 유의하여 보관한다.

유니폼

- 지정된 유니폼이 있다면 착용하며, 준비된 유니폼이 없다면 깨끗하고 단정한 옷으로 유니폼을 대체한다. 앞치마는 필수로 둘러야 한다.
- 앞치마, 유니폼은 깨끗이 접어 보관하여 구겨지지 않도록 한다.
- 이물질이 묻었다면 세탁을 해서 깨끗한 유니폼을 유지한다.
- 만약을 대비해 유니폼은 2벌을 준비한다.
- 유니폼과 앞치마는 크지도 작지도 않게 수선하여 입어야 하며 손상이 갔다면 빠른 시일 내에 수선할 수 있도록 한다.
- 사용하지 않는 동계 · 하계 유니폼은 세탁 후 반납하고 이름을 표시해 보관한다.

최저임금

일주일 40시간 이상, 하루 8시간 이상 근무 시, 추가 근무시간에 대해서는 시급의 1.5배 지급

2021년 최저시급 8,720원으로 급여를 환산하면 (1일 8시간, 주5일 근로자 기준)

– 월급 8,720원 X 209시간 = 1,822,480원

– 연봉 1,822,480 X 12개월 = 21,869,760원

(2020년도 기준 월급은 1,795,310원)

근로시간

– 일주일간의 근로시간은 휴게시간을 제외하고 40시간을 초과할 수 없다. 1일의 근로시간은 휴게시간을 제외하고 8시간을 초과할 수 없다.

– 당사자가 합의하면 일주일에 12시간을 한도로 근로시간을 연장할 수 있다. (일주일 최대 52시간 근무 가능, 그 이상은 불가)

– 근로시간이 4시간인 경우에는 30분 이상, 8시간인 경우에는 1시간 이상의 휴게시간을 근로시간 도중에 주어야 한다.

4대 보험

– 직업의 종류를 불문하고, 사업장에서 근로를 제공하고 그 대가로 임금을 받아 생활하는 근로자는 4대 보험 의무가입대상

– 일용근로자 및 시간제 근로자의 경우 국민연금과 건강보험은 근로계약내용이 1월 이상이고 월 60시간 이상인 자이면 가입대상이며, 고용보험은 소정 근로시간이 1월간 60시간(1주간 15시간) 이상인 자이면 가입대상

1. 국민연금: 노령/장애/사망

기준소득월액 X 9%(연금보험률), 가입자와 사업자가 각 50%씩 부담

2. 건강보험: 질병과 부상

건강보험료: 보수월액 기준 6.86%, 가입자와 사업자가 각 50%씩 부담

장기요양보험료: 건강보험료 기준 11.52%, 가입자와 사업자가 각 50%씩 부담

3. 고용보험: 실업

실업급여의 경우, 0.8%를 부담

고용안정, 직업능력 개발 사업의 경우 사업장에 따라 다르다(근로자 수가 150인 미만의 경우, 0.25%).

4. 산재보험: 업무상의 재해

사업세목명에 따라 다르며 일반적으로 음식 및 숙박업은 0.01%의 보험료율

주휴수당

- 유급주휴는 사업주와 일주일에 15시간 이상 근로하기로 하고 일주일 동안의 소정근로일을 개근한 경우, 일주일에 1일 이상 법에 의해 부여받는 유급휴일로서, 해당 유급휴일의 유급주휴시간은 그 사업장의 통상 근로자의 근로시간에 비례하여 산정함.
- 주 5일 40시간의 소정근로를 약정한 근로자의 유급주휴시간은 8시간.
- 1년 이상 근무 시 유급휴가를 주어야 함. (1년 이상 근무자의 퇴직 시 퇴직금도 지급하여야 함.)

기타

근로계약서 필히 작성.
매년 근로계약서 미작성으로 인해 과태료 처분을 받는 사업자가 증가하고 있는 추세다. 반드시 노동계약이 성립하는 날 일을 시작하기 전에 직원과 함께 근로계약서를 작성하자. 근로계약서 없이 절대 근무가 개시되면 안 된다. (미작성 시 과태료 500만 원. 표준근로계약서는 고용노동부 사이트에서 다운받을 수 있음.)

4.

고객 관리

1) 서비스란?

정의

서비스는 상품과 함께 소비자에게 제공되며, 서비스의 품질이 상품 자체의 품질에 앞선다.

서비스는   상품을 선택하기 전의 과정(매장의 준비상태),

상품의 주문을 받는 과정(직원의 준비상태),

상품의 소비과정,

소비자의 재방문

까지 포함한다.

3요소

Q - **quality**   제품 자체의 품질이 우월해야 한다.

C - **cleanliness**   청결함은 소비자가 몸으로 느끼며 평가한다.

S - **service**   친절함과 엄격함을 두루 갖춘 태도가 필요하다.

원칙

친절하지만 과하지 않은 서비스

손님은 왕이 아니다. 그러므로 직원 또한 하인이 아니다. 소비자와 판매자로서 동등한 위치에 있기 때문에 돈 받은 만큼의 한도 내에서 최대한 정성스럽게 대응해야 한다. 또한 다른 소비자에 피해를 끼친다면 제재하여 다른 손님을 존중해야 한다. 손님의 요구가 과도하다면 매장의 정체성과 직원의 자부심을 지키는 것이 우선이다.

성의 있는 서비스

서비스의 본질은 손님이 돈을 내고 특정한 서비스를 요청한 것이므로, 직원은 손님의 말을 경청하고 요청받은 만큼 책임감을 가지고 완수해야 한다. 그리고 반드시 결과를 손님에게 알려주어야 한다.

빠르게 응답하는 서비스

손님이 요구하거나 요청하고 있다면 최대한 빠른 시간 내에 응대한다.

2) 고객 관리에 관한 몇 가지 원칙

단골을 존중하라

우리 카페를 좋아해주고 자주 찾아오는 단골은 그 자체로도 감사하지만, 수익 면에서도 꾸준히 매출을 올려주는 든든한 존재이기도 하다. 그러므로 단골에게 단기적인 계산법을 적용하면 안 된다. 단골이 찾아왔을 때 이익을 남기겠다는 자세는 버리고 서비스를 제공해야 한다. 또한 애정을 가지고 말해주는 의견을 충분히 듣고 카페 운영에 반영해야 한다. 작은 카페일수록 점주가 얼마나 성심껏 대하는가, 얼마나 베풀어주는가가 중요하다. 쿠폰이나 포인트 제도를 적극 활용해서 단골에게 이득을 줄 수 있는 방법을 고려해봐도 좋다. 손님들에게 환대의 느낌을 주어 단골로 만들도록 노력해야 한다. 단 몇몇 손님하고만 너무 감성적인 교감은 하지 말라. 다른 단골들이 발길을 끊거나 새로운 단골이 생기지 않을 수도 있다.

할인행사는 최소한으로 한다

장사가 안 되면, 할인행사를 고려하게 되지만 여러모로 재고해봐야 한다. 할인행사가 잦으면 손님 입장에서는 할인된 가격이 제 가격이라고 생각하기 마련이다. 그러면 다시는 정가로 구매하지 않게 된다. 이는 들어오지도 않은 손님을 위해 들어와 제값을 치른 손님을 배신하는 꼴이 된다. 또한 카페 입장에서는 전혀 도움이 되지 않고 이득만 빼가는 '체리 피커'만 늘리는 일이 될 수도 있다. 일상적인 할인은 하지 않는 게 옳다. 개업 시 카페를 알리기 위해서만 하도록 한다. 단, 찾아온 손님에게 덤을 제공하는 것은 언제나 좋다. 팔고 싶은 메뉴, 자랑하는 메뉴를 맛볼 수 있는 기회를 주면 된다. 손님이 받는 혜택은 매장 안에서 이루어지는 게 기본이다.

손님에게 할 말은 하되, 요령껏 하라

손님이 무조건 옳지는 않다. 손님이 억지를 부리면서 소란을 피운다면 다수의 손님을 보호하는 차원에서 생각해야 한다. 불가피하다면 그 손님을 쫓아내는 게 맞다. 아이들이 뛰어다닌다면 부모에게 가서 유리제품이 많고 안전사고가 발생한 적이 있어서 아이가 다칠 수 있으니 조심시켜달라고 부드럽게 돌려 이야기해보자.

가끔 카페 직원에 대한 컴플레인을 점주를 불러 하는 경우가 있는데, 이때는 우선 손님에게 가서 손님을 달래는 게 급선무다. 시끄러워지면 다른 손님들도 긴장하거나 기분이 나쁠 수 있기 때문이다. 사과의 형식이 필요하다고 판단되면 사과하라. 단 직원에게는 침착하게 자초지종을 듣고 주의를 주는 정도로 하고 잘못이 없다면 혼낼 필요는 없다. 결국 직원들과 고객 응대에 대한 원칙을 미리 정해서 공유하는 것이 가장 현명한 방법이다.

카페 운영에 피해를 주지 않지만, 내가 맘에 안 드는 경우도 있다. 하루 종일 앉아 있는 손님을 볼 때 점주 마음이 편하지만은 않다. 하지만 피해가 가지 않는 한 제재를 가하는 것은 바람직하지 못하다. 오히려 애정을 갖고 본다면, 갈 곳 없는 저 손님이 우리 카페라도 왔으니 다행이라고 바라봐주어야 한다.

3) 인사 예절

원칙: 손님에게 대한 존중을 담아 친절이 느껴질 수 있도록 표현한다.

손님이 들어올 때: "감사합니다. ○ ○ ○ (카페 이름)입니다."
- 손님이 문을 열고 들어오는 것을 눈으로 확인하고 눈을 마주친 상태에서 인사한다.
- 부득이하게 눈을 마주치지 못했어도 인사는 끝까지 마무리한다.
- 단체손님이 계속해서 들어올 경우, 인사를 듣지 못했을 것으로 예상되는 손님이 있으면 앞선 일행에게 인사를 했더라도 다시 인사를 한다.
- 직원이 여럿이면 전원이 맞춰서 인사를 하며 산발적으로 나오지 않게 한다.

주문받을 때: "안녕하세요. 주문 도와드리겠습니다."
- 새로 주문을 받을 때마다 인사를 한다.
- 성급히 인사를 해서 재촉하기보다는 손님이 음료를 선택했다고 생각되면 눈을 보고 인사를 건넨다.
- 손님이 궁금한 것이 있거나 음료를 선택하지 못하고 있을 경우 "필요하시거나 찾으시는 음료 있으세요?"라고 정중히 묻는다. 만일 없는 메뉴를 주문할 경우 친절히 안내하고, 문의한 메뉴는 메모해두었다가 추후 반영한다.

음료를 내줄 때: "음료 준비되었습니다. 감사합니다. 맛있게 드십시오."
- 진동벨을 받을 준비를 한 상태에서 손님과 눈을 마주치고 환하게 웃으며 인사한다.
- 손님이 진동벨을 미처 가져오지 않았을 경우에는 진동벨을 요구하지 않는다. 음료 전달 후 손님의 테이블로 찾아가 정중히 진동벨을 회수한다.
- 음료가 많을 때에는 부가적인 설명을 해준다.

손님이 나갈 때: "감사합니다. 안녕히 가십시오."
- 어떠한 경우라도 나가는 손님을 바라보고 인사를 한다.
- 잠시 매장 밖으로 나가는 경우나 나갔다 들어오는 경우라고 생각되면 부담스러워하지 않도록 인사는 하지 않는다.
- 주문을 하지 않았거나 화장실만 잠시 이용했더라도 손님이 나갈 때는 밝게 인사한다.

4) 주문과 제공

주문기록

`방법`

- 인사: "안녕하세요. 주문 도와드리겠습니다."
- 메뉴·수량 확인: "아메리카노(메뉴명)는 아이스(냉온 구분) 맞습니까? 아메리카노 3 잔 맞습니까?"
- 포장 확인: "음료는 드시고 가십니까? 테이크아웃하십니까?"
- 재확인: "뜨거운 아메리카노 3잔, 아이스 카페모카 1잔 맞습니까?"
- 결제: "12,000원(총액) 결제 도와드리겠습니다."
  "(현금일 경우) 현금영수증 하시겠습니까? (신용카드일 경우) 영수증 드릴까요?"
- 마무리: "음료가 준비되면 진동벨로 알려드리겠습니다."

`주의사항`

- 휘핑크림이 들어가는 음료는 휘핑크림 유무를 확인하여 컴플레인이 발생하지 않도록 한다.
- 주문이 끝나면 한 번 더 주문내역을 확인한다.
- 머그잔 또는 테이크아웃컵을 확인하여 착오가 발생하지 않도록 한다.
- 메뉴를 제조하는 직원이 따로 있으면 주문 내용을 반복 전달하여 착오가 발생하지 않도록 한다.
- 현금 결제 시 거스름돈에 착오가 발생하지 않도록 금액을 알려준다.
- 인사하고 주문받는 동안에는 손님과 눈을 마주치고 미소를 짓는다.
- 손님이 원하는 음료의 정보는 빠짐없이 제공한다.
- 손님의 주문이 끝날 때까지 기다렸다가 주문내역을 확인한다.
- 손님이 주문 시 현금영수증을 언급하지 않더라도 현금영수증 발급 여부를 기본적으로 확인한다.
- 아무리 바빠도 주문내역을 손님에게 재확인해준다.
- 주문받고 나서 메뉴를 만들어야 할 때에는 반드시 손을 깨끗이 씻은 후 메뉴를 만든다.

권유판매

권유판매는 매출 향상을 기대하는 차원뿐 아니라 메뉴에 대한 흥미를 유발하고 신제품에 대한 정보도 제공한다는 이점이 있다. 그러나 자칫 손님에게 부담감을 줄 수 있기 때문에 과하지 않게 한다.

주의사항

- 손님이 메뉴를 정하지 못했을 경우에는 조심스럽게 찾는 메뉴의 종류를 물어본다.
- 신제품은 손님이 메뉴를 정하지 못했을 경우 음료의 정보와 함께 권유한다.
- 사이드 메뉴는 주문을 다 받았다고 생각했을 때 "케이크나 빵 중에 더 필요한 건 없으십니까?"라고 판매를 유도한다.
- 손님이 주문한 음료에 어울리는 사이드 메뉴를 추천한다.

메뉴 제공

방법

- 메뉴 확인: 주문서의 메뉴가 다 준비되었는지 확인한다.
- 상태 확인: 음료가 손님에게 제공될 때까지 식지 않도록 준비한다. 만약 늦게 전달이 되었다고 생각되면 음료를 다시 준비한다.
- 세팅 준비: 필요한 일회용품을 같이 준비한다.
- 인사: "음료 준비되었습니다. 감사합니다. 맛있게 드십시오."

주의사항

- 손님의 주문량이 많아 한 번에 들고 가지 못할 경우에는 나머지 음료를 자리까지 가져다준다.
- 테이크아웃의 경우 주문 시 캐리어의 필요 유무를 확인한 후 미리 준비하여 바로 들고 나갈 수 있게 제공한다.
- 외부 음식 반입불가라고 미리 손님에게 알리고 여분의 잔, 접시 등은 제공하지 않는다.
- 식수는 항상 깨끗한 물잔을 이용하여 제공한다.
- 음료에서 이물질이 발견되거나 제공되는 잔이 깨끗하지 않으면 음료를 처음부터 다시

만들어서 제공한다.

- 손님이 원하지 않는 상태라면 (과도한 휘핑크림, 당도, 커피의 농도 등) 새로 음료를 만들어서 제공한다.
- 음료를 마시기 전에 메뉴를 변경하고자 할 경우에는 원하는 메뉴로 교환해주고 차액을 계산한다.
- 손님의 부주의로 음료를 쏟았을 경우 우선 다친 곳이나 불편한 곳이 없는지 묻고, 음료를 다시 제공한다. 쏟은 음료는 직원들이 청소를 한다.

5) 전화 응대

- 전화벨이 3번 울리기 전에 받는다.
- "감사합니다. ○○○(카페이름)입니다."라고 받는다.
- 손님의 말을 경청한 후 대답은 신속정확하고 간단명료하게 한다.
- 손님이 기다려야 할 경우 "잠시만 기다려주시겠습니까?"라고 양해를 구하고 30초 이내로 돌아온다.
- 손님의 문의사항에 대해 받아 적을 준비를 해야 한다.
- 근무 중 개인적인 통화는 피하며 부득이한 경우 손님에게 보이지 않는 공간에서 통화한다.

6) 컴플레인 해결

컴플레인 해결방안 4단계

경청
- 손님의 불만사항 또는 요구사항은 끝까지 경청한다.
- 손님이 말을 할 때에는 다른 곳을 보거나 이동하지 않는다.
- 손님과 눈을 마주치고 "그럴 수도 있겠군요."라는 자세를 취한다.
- 작은 의견 하나까지 손님의 의견을 수용한다.

- 손님의 말이 끝나면 "죄송합니다. 다시 조치해드리겠습니다."라고 사과를 한다.
- 진심을 담아 성의 있게 사과하고 해결방법을 안내한다.

- 안내했던 해결방법을 실행에 옮긴다.
- 문제를 해결하는 데 손님이 번거롭지 않게 생각하도록 한다.
- 문제를 해결했다면 손님의 의사를 재차 확인한다.

- 문제점에 대한 지적과 해결의 기회에 감사를 표한다.

컴플레인의 사례와 대처법

- 음료가 잘못 제공되었을 경우
→ 손님을 기다리게 하지 말고 자리로 돌려보낸 후 우선적으로 음료를 만들어서 손님의 테이블로 가져다준다.

- 음료의 레시피가 잘못되었거나 손님의 입맛에 맞지 않을 경우
→ 손님이 원하는 대로 음료를 다시 만들어서 제공하고 기호에 맞는지 확인한다.

- 음료에 이물질이 들어갔을 경우
→ 정중히 사과를 하고 서비스 메뉴와 함께 손님의 테이블까지 가져다준다. 직원은 점주에게 보고하게 한다.

- 음료에는 이상이 없으나 손님이 이상 판단을 내렸을 경우
→ 정중히 사과를 하고 음료를 다시 만들어서 제공한다.

- 음료의 잔(일회용잔, 유리잔)이 바뀌었을 경우
→ 잔을 바꾸어주거나 그러지 못할 경우에는 음료를 다시 만들어서 제공한다.

- 음료를 적절한 온도로 다시 요구할 경우
→ 손님마다 음료를 마실 때 선호하는 온도가 다르기 때문에 다시 요구하는 경우가 있고, 마시는 동안 음료의 온도가 변하기 때문에 다시 요구하는 경우도 있다. 우선 음료가 제공된 후 오래 지나지 않았다면 음료를 새로 만들어서 제공해야 한다. 시간 경과에 따른 음료의 온도 변화는 얼음 또는 뜨거운 물로 온도를 맞출 수 있다. 하지만 우유가 들어가는 따뜻한 음료는 시럽이나 소스가 들어가기 때문에 다시 뜨겁게 할 수 없다고 정중히 안내한다.

위생 및 환경

- 홀 바닥 또는 테이블이 더러울 경우
→ 정중히 사과한 후 자리를 옮겨드리고 그 즉시 청소도구를 지참하고 더러운 홀 바닥 또는 테이블을 청소한다.

- 화장실이 더러울 경우
→ 정중히 사과한 후 휴지통을 비울 쓰레기봉투와 청소도구를 지참하여 청소하고 30분 단위로 체크한다.

- 매장 실외의 바닥이 낙엽과 눈 등으로 지저분할 경우
→ 앞치마를 벗고 대빗자루를 이용해서 인도 위의 낙엽을 인도 밖으로 쓸어낸다. 눈이 쌓였을 때에도 동일 방법으로 처리한 후에 일정시간 단위로 체크해서 청결을 유지한다.

- 스피커 볼륨이 높은 경우
→ 손님이 앉아 있는 위치에서 소리의 크기를 직접 듣고 확인한 후에 스피커 볼륨을 조절하고 손님의 의사를 확인한다.

- 매장 내부의 온도가 높거나 낮을 경우
→ 냉난방기의 온도를 확인한 후 손님이 원하는 온도로 설정을 한다.

- 햇빛이 강하게 드는 경우
→ 손님을 다른 자리로 안내하고 이후 손님의 불만이 없도록 처리한다.

- 벌레를 발견했을 경우
→ 정중히 사과 후 손님을 다른 자리로 안내하고 벌레를 제거한다. 서비스 메뉴를 제공하고 직원은 점주에게 보고하게 한다.

설비 및 시설 관련

- 가구의 파손으로 인해 피해를 입었을 경우
→ 피해에 대한 보상을 해준다. 음료가 쏟아졌다면 음료를 다시 만들어 제공하고 의류에 피해가 갔다면 기록 후에 배상을 해주는 것이 원칙이다. 직원은 점주에게 보고하게 한다.

- 매장 내 시설에 의해 부상을 입었을 경우
→ 모든 사실을 기록하고 배상하는 것이 원칙이며 보험으로 신속하게 처리한다. 직원은 점주에게 보고하게 한다.

- 시설에 대한 불편함을 표시하는 경우
→ 손님이 가구가 불편하다고 느끼면 그 즉시 편안한 가구를 찾아 안내하고, 화장실이 부족해서 불편을 겪는다면 사용 가능한 화장실로 신속하게 안내한다. 모든 요구사항에 즉각 반응해야 하며 지속적으로 문제점이 발생되면 기록한 후 개선되도록 한다.

그 외 서비스

- 불친절에 항의하는 경우
→ 끝까지 경청하고 정중히 사과를 한다. 직원은 점주에게 보고하여 점주가 정중히 사과를 표할 수 있도록 한다. 만약 점주가 자리를 비운 상황이라면, 직원은 사고경위를 자세히 보고하여 책임자가 해결할 수 있도록 도움을 준다.

- 다른 손님에 의한 소음에 항의하는 경우
→ 양쪽 모두 기분이 상하지 않도록 조심스럽게 행동한다. 직원은 먼저 점주에게 보고한다. 피해를 주는 손님에게 서비스 메뉴와 함께 양해를 구한 뒤 피해를 입은 손님에게도 서

비스 메뉴와 함께 관리 소홀을 정중히 사과를 한다.

• 응급약품을 요구하는 경우
→ 증상에 맞게 준비된 응급약품을 제공하고 만약에 증상이 심각하거나 약품이 준비되어 있지 않다면 가까운 약국이나 병원을 안내한다.

• 큰 싸움이 벌어졌을 경우
→ 당황하지 말고 가까운 지구대나 경찰서에 신고를 한다. 절대 싸움에 끼어들거나 물리적으로 말리지 않도록 한다. 직원은 점주에게 보고한다.

• 주차를 요구할 경우
→ 주차장이 구비되어 있다면 위치와 사용방법을 안내하고, 없다면 가까운 위치의 유료 주차장을 안내한다.

• 매장으로 판매상이 들어왔을 경우
→ 손님에게 구매를 권하면 손님이 불편함을 느낄 수 있다. 손님에게 접근하지 않도록 돌려보내고 직원에게 접근한다면 지불권한이 없다고 말하고 돌려보내야 한다.

• 잘 모르는 외국어를 사용하는 경우
→ 당황하지 말고 최대한 의사소통이 될 수 있도록 친절히 응대한다. 주문 이외의 다른 문의로 대화가 길어지면 신속하게 휴대폰 번역기 등을 사용해 손님이 난처해하지 않도록 한다.

• 무리한 요구나 무례한 행동을 하는 경우
→ 무리한 요구를 하거나 희롱, 반말, 욕설 등 피해를 준다면 다른 손님들이 불편함을 겪지 않는 선에서 단호하게 대처한다. 점주 혼자 대처할 수 없을 정도라면 동영상을 촬영하거나 CCTV 화면 등을 활용해 경찰에 신고한다.

부록

체크리스트

각종 기구 체크리스트(격주 1회)

점검일자: _____

보 고 자 : _____

구분		점검항목	점검결과		조치사항	비고
			기재요령	결과보고		
에스프레소머신	1	개스킷은 딱딱해지거나 추출 시 물이 새지 않는가?	O/X			
	2	샤워스크린은 찌그러지거나 오염되지 않았는가?	O/X			
	3	디퓨저는 청결을 유지하고있는가?	O/X			
	4	스팀완드는 이상없이 잘 작동하고 있는가?	O/X			
	5	각 버튼은 모두 동작에 이상이 없는가?	O/X			
	6	보일러 압력은 알맞게 유지되고 있는가?	수치 기재			
	7	추출 시 머신의 압력은 적절히 잘 유지되고 있는가?	수치 기재			
	8	포터필터의 상태는 양호한가?	O/X			
	9	추출 시 작동은 이상 없이 잘 되고 있는가?	O/X			
	10	배수는 누수없이 원활히 되고 있는가?	O/X			
	11	헤드 내부의 청소는 잘 이루어지고 있는가?	O/X			
	12	소모품의 교체 시기는 잘 지켜지고 있는가?	교체필요시 기재			
	13	머신 내외부는 늘 청결히 유지되고 있는가?	O/X			
	14	청소브러시의 상태 유지 및 세정제의 잔량은 확인하였는가?	O/X, 잔량 %			
그라인더	1	그라인더 날은 주기에 맞춰 청소를 하고 있는가?	O/X			
	2	도저레버는 조작 시 저항 없이 잘 이루어지는가?	O/X			
	3	굵기 조절판은 저항 없이 부드럽게 움직이는가?	O/X			
	4	호퍼세척 및 도저 내부 청소는 일일 마감 시 잘 지키고 있는가?	O/X			
	5	정전기가 심하게 발생하지 않는가?	O/X			
	6	커피가루가 날리지 않는가?	O/X			
	7	털이통의 상태는 양호하게 유지되고 있는가?	O/X			
	8	도저나이프는 지정 장소에 청결히 비치되어 있는가? (그라인더 굵기 조절판에 거치 금지)	O/X			
제빙기	1	제빙기 내부 청소는 주기적으로 잘 이루어지며 오염되지 않았는가?	O/X			
	2	얼음 스쿱은 지정된 곳에 비치되어 있으며 청결을 유지하고 있는가?	O/X			
	3	필터는 주기적으로 청소하여 청결을 유지하는가?(공랭식만 체크)	O/X			
	4	급수 및 배수는 문제없이 잘 이루어지고 있는가?	O/X			
정수필터	1	필터의 교체 시기는 잘 지켜지고 있는가?	O/X			
	2	전처리 필터는 오염되지 않고 청결한 상태로 유지되어 있는가?	O/X			
	3	필터의 압력게이지는 적정선에 유지되어 있는가?	O/X			
개수대	1	냉온수는 이상 없이 잘 나오고 있는가?	O/X			
	2	개수대 주변은 청결히 잘 유지되고 있는가?	O/X			
	3	세제 및 세척도구는 잘 비치되어 있는가?	O/X			
	4	악취 방지를 위하여 주기적으로 하수구 소독을 실시하는가?	O/X			
비품	1	각 비품은 부족함 없이 여유 있게 재고를 보관하고 있는가?	O/X			
	2	유통기한이 지난 물품이 냉장고 및 다른 곳에 보관되어 있지는 않은가?	O/X			

기 타 사 항

매장 체크리스트 (정기)

구분		점검항목	비고
바	1	행주 살균 및 표백	
	2	소스통, 펌프 등의 소독 및 완전 분해 세척	
	3	파우더 및 식자재 보관함 살균 세척	
	4	제빙기, 빙삭기 살균 작업	
	5	쇼케이스 및 냉장고 성에 제거 및 살균소독	
	6	그라인더 내부 칼날 청소	
	7	에스프레소머신 스팀완드 약품 청소	
	8	배수관 약품 청소	
	9	불필요한 식자재 파악 및 폐기	
	10	정수기 필터 교체	
홀	1	테이블, 의자 등의 상태 확인(일일이 앉아서 확인)	
	2	장식장 및 기타 가구 먼지 제거	
	3	러그, 커튼, 무릎담요 등의 세탁 작업	
	4	냉난방기 필터 청소	
	5	비치된 책 혹은 잡지의 상태 확인 및 교체	
화장실	1	화장실 전체 살균 작업	
	2	방향제 등의 소모품 교체	
외부	1	화단 및 기타 기물 상태 점검 및 보수	
기타			

기 타 사 항

매장 체크리스트 (개점)

구분		점검항목	비고
바	1	컴퓨터 전원 및 포스 시스템 개점 등록	
	2	블렌더 전원 ON	
	3	쇼케이스 램프 스위치 ON	
	4	기타 전열기구의 스위치 ON	
	5	행주(젖은행주, 마른행주, 스팀용 행주 등) 및 린넨 준비	
	6	에스프레소머신 워밍업(포터필터 및 샤워필터 결합)	
	7	에스프레소머신 스팀완드 약품 청소	
	8	그라인더 커피 원두 굵기 확인 및 조정	
	9	건조대 식기류 및 도구 원위치 및 정리정돈	
	10	바테이블 청소 및 정리정돈	
	11	쇼케이스 유리 청소	
	12	부재료 재고 파악 및 준비(각종 시럽 및 소스 혼합 등)	
	13	재고 관리(부족한 물품 및 비품 주문)	
홀	1	매장의 주조명 ON	
	2	냉난방기 가동(봄/가을 창문 개방으로 대체 가능)	
	3	실내등 및 기타 조명기구 ON	
	4	바닥 청소 및 걸레질	
	5	테이블 및 의자 청소, 먼지제거 및 상태 점검	
	6	책장 및 가구 장식품 등 청소 및 정리정돈	
	7	컨디먼트 바 비품(설탕, 스틱 등) 확인 및 비치	
	8	창문 및 장식장 유리 청소	
화장실	1	화장실 청소 상태 확인	
	2	화장실 비품 비치 상태 확인	
	3	화장실 바닥 물기 제거 및 거울 청소	
외부	1	출입구 및 매장 주변 청소	
	2	화분 물주기 및 관리	
기타	1	개인 위생 상태 및 복장 상태 확인	
	2	금일 매장 특이사항 및 일정 확인, 숙지	

기 타 사 항

매장 체크리스트 (영업 중)

구분		점검항목	비고	
			오전	오후
바	1	위생적인 음료 및 식품 제조 상태 유지		
	2	바테이블 정리정돈		
	3	정해진 시간 단위로 행주 세탁, 린넨 오염 시 교체		
	4	그라인더 커피 분쇄도 확인		
	5	에스프레소머신 외관 청소, 압력 및 온도 체크		
	6	잔 및 기구 세척 건조		
	7	에스프레소머신 스팀완드 약품 청소		
	8	바닥 청소 및 물기 제거		
	9	중간 정산		
홀	1	매장 온도 수시 확인 및 조절		
	2	매장 상태 확인(필요 시 간단하게 정리)		
	3	테이블 및 의자 정리 및 청소		
	4	책장 및 가구 장식품 등 청소 및 정리정돈		
	5	상황에 따른 음악 볼륨 조절 및 선곡		
	6	컨디먼트 바 청소 및 정리정돈		
	7	컨디먼트 바 비품 확인 부족한 물품 보충		
	8	저녁시간대 조명 밝기 조절		
화장실	1	화장실 청소 상태 확인		
	2	화장실 비품 비치 상태 확인		
외부	1	출입구 및 매장 주변 확인(필요 시 청소)		
	2	저녁시간대 간판 소등		
기타	1	개인 위생 상태 및 복장 상태 확인		

기 타 사 항

매장 체크리스트 (마감)

구분		점검항목	비고
바	1	소스통, 시럽펌프 및 스팀피처 등의 기구 살균 세척	
	2	블렌더 기구 소독 및 세척	
	3	제빙기, 온수기 등의 기구 청소	제빙기는 공냉식의 경우 필터 청소
	4	빙삭기 내외부 청소	락스 희석액 또는 알코올 도포 권장
	5	테이블 냉장고 청소	
	6	그라인더 내외부 및 호퍼 청소	
	7	에스프레소머신 스팀완드 약품 청소	
	8	포터필터, 디퓨저, 샤워필터 세제에 담가두기	
	9	행주 및 린넨 세탁(세제 물에 담가두기)	
	10	개수대 주변 청소 및 물기 제거	
	11	마감 정산 및 포스 컴퓨터 전원 OFF	
	12	명일 발주 물품 확인	
	13	쓰레기 분리수거 및 폐기	
	14	바 바닥 청소 및 물기제거	
	15	각종 기구 및 음악, 조명등의 전원 OFF	에스프레소머신 제외
홀	1	컨디먼트 바 내외부 청소 및 정리정돈	
	2	테이블, 의자, 책장 등 가구 청소 및 정리	
	3	바닥 청소 및 걸레질	
	4	냉난방기 전원 OFF	
	5	실내등 및 기타 조명기구 소등	
	6	매장의 주조명 소등	
화장실	1	화장실 변기 및 세면대 청소	
	2	화장실 쓰레기 제거 및 휴지통 세척	
	3	화장실 바닥 청소	
외부	1	매장 주변 청소 및 기구 정리	
	2	간판 및 조명 소등	
기타	1	앞치마 유니폼 등의 개인 물품 세탁	
	2	명일 특이사항 숙지	

기 타 사 항

Thanks to
로스팅마스터즈 직원들.
그리고 촬영에 협조해준
광명상사, 그리다꿈, 엘카페,
커피머신갤러리

창업부터 운영까지 아무도 알려주지 않은

카페 실무 매뉴얼 개정판

1판1쇄 펴냄 2014년 11월 20일
2판1쇄 펴냄 2021년 4월 26일
2판4쇄 펴냄 2024년 10월 14일

지은이 신기욱 | **사진** 한승일 | **모델** 이원상 박지훈
펴낸이 김경태 | **편집** 조현주 홍경화 강가연
디자인 Studio Marzan 김성미 / 박정영 김재현 | **마케팅** 유진선 강주영
촬영 협조 광명상사, 그리다꿈, 엘카페, 커피머신갤러리

펴낸곳 (주)출판사 클
출판등록 2012년 1월 5일 제311-2012-02호
주소 03385 서울시 은평구 연서로26길 25-6
전화 070-4176-4680 | 팩스 02-354-4680 | 이메일 bookkl@bookkl.com

ISBN 979-11-90555-54-8 13320